AF503601

CODE

DES PENSIONS.

Ce volume est compofé de onze feuilles.

Prix, pour Paris. . . . . 1 l. 10 f.

Pour les Départemens 2

CODE

DES PENSIONS,

OU

RECUEIL DES DÉCRETS

DE

L'ASSEMBLÉE-NATIONALE-CONSTITUANTE,

Sur les récompenses en général & sur les pensions en particulier: disposés par ordre chronologique, avec l'indication des articles analogues & correspondans les uns aux autres.

PAR M. CAMUS, Garde des Archives nationales.

A PARIS,

Chez {
BAUDOUIN, Imprimeur de l'Assemblée Nationale, cour des Capucins Saint-Honoré, n°. 426.
LEBOUCHER, Libraire, jardin des Feuillans, ou rue Saint-Honoré, à côté du passage Saint-Roch, n°. 278.

1792.

AVERTISSEMENT.

Le code des pensions que je donne en ce moment, est rédigé d'après le plan exposé dans le *prospectus* que j'ai publié il y a un mois, d'un recueil des décrets de l'Assemblée-nationale-constituante, par ordre de matières. Les décrets généraux que l'Assemblée a prononcés sur les pensions, sont réunis ici selon l'ordre de leur date. Ils sont rapportés de suite & en leur entier : à moins que dans ces décrets il n'eût été inséré des dispositions absolument étrangères à la matière des pensions. A la suite d'un grand nombre d'articles, on trouve les indications sommaires des articles d'autres décrets, qui sont, ou le changement, ou l'interprétation, ou la modification, ou le principe, ou la conséquence du texte qu'on vient de lire.

Pour faciliter l'usage de ce volume, j'y ai joint plusieurs tables. Une première, des décrets contenus dans le recueil, indiqués par ordre chronologique & selon la date de leur prononciation dans l'Assemblée. Une seconde table chronologique des mêmes décrets, formée d'après la date de la sanction, ou, suivant l'expression vulgaire, d'après la date de la loi. L'utilité de ces deux tables est sensible. Quelquefois on cite les lois actuelles sous le titre de décret de l'Assemblée de *tel jour* ; quelquefois on les cite sous le titre de loi de *tel jour*. Les deux dates n'étant pas les mêmes, il faut avoir sous les yeux deux tables, l'une de la date des décrets, l'autre de la date des lois.

J'avertirai à cette occasion, que, dans les indications que j'ai mises sur les différens articles, j'emploie toujours l'expression de *décret*, & la date à laquelle le décret a été prononcé par l'Assemblée.

A la suite des tables chronologiques, j'ai indiqué, conformément à ce que j'avois promis p. 11 du *prospectus* dont j'ai parlé, les rapports & autres pièces qu'on peut joindre à ce recueil, & qui mettront en état de saisir plus facilement l'esprit des décrets qui y sont rapportés. On les trouvera chez M. Baudoüin, au prix de 2 sols 6 deniers la feuille, comme on l'a annoncé dans le *prospectus*.

Le volume est terminé par une table des matières.

J'ai exposé ailleurs, avec quelque détail, ce que l'Assemblée constituante a fait sur les pensions (1). Je le retrace ici en deux mots. L'abus des graces pécuniaires étoit, depuis long-temps, porté à son comble. La manière de les accorder ; les personnes qui en signoient le don ; les causes pour lesquelles on les accordoit ; la diversité des caisses sur lesquelles on pouvoit en obtenir : tout avoit été un moyen de dilapidation. L'Assemblée arrêta d'abord, qu'elle s'occuperoit efficacement de réformer ces désordres; ensuite, elle suspendit la rapidité de leur cours, en défendant toute concession de nouvelles pensions, tout paiement

____

(1) Notices des principaux décrets, imprimées sur la demande de l'Assemblée nationale, n°. II, art. 2.

d'anciens arrérages hors certains cas, jusqu'à ce que le comité des pensions eût eu le temps de sonder la profondeur du mal, & de proposer les remèdes qui pouvoient en tarir la source.

Le comité des pensions publia la liste des pensions existantes ; il rechercha les différentes lois portées sur les pensions, & la manière dont les ministres & ordonnateurs avoient concouru, avec les intrigans de la cour, à précipiter ces lois dans l'oubli : les premiers dans la vue d'augmenter leur crédit & le nombre de leurs valets ; les seconds dans la vue de se procurer de l'or pour satisfaire à toutes les passions dont leur ame est tourmentée. Le comité a fait connoître, dans différens rapports, le résultat de ses recherches : il n'a rien dissimulé de ce qu'il avoit découvert ; & quoiqu'il ait eu des raisons de craindre de n'avoir pas pu déchirer tous les voiles, cependant la haine que plusieurs ministres ont portée à ses opérations, lui a fait penser qu'apparemment il avoit touché sensiblement une partie des causes de dilapidation.

Après avoir rendu compte des faits & des abus qui étoient à réformer, le comité des pensions a développé les principes d'où l'on pouvoit faire dériver un ordre constant pour l'avenir. Le principal résultat de ses rapports a été le décret du 3 août 1790, qui contient les dispositions fondamentales sur la concession des pensions, & sur les sommes qu'on doit y destiner. Les autres décrets rendus sur le rapport du comité des pensions, n'ont été presque tous que le développement ou l'application des dispositions du décret du 3 août.

On trouvera dans ce recueil, quelques décrets rendus relativement à diverses espèces de pensions, sur des rapports faits par d'autres comités que celui des pensions. La faveur accordée à quelques professions, n'a-t-elle pas déja porté, par ces décrets, des atteintes aux principes du décret du 3 août 1790 ? S'il m'est permis de former cette question, je ne dois pas prendre sur moi de la résoudre. Je dirai seulement, que quand on aura considéré froidement toutes les dispositions du décret du 3 août ; qu'on les aura vues en législateur & non en ami de tel ou tel pensionnaire : lorsqu'aux mouvemens de sensibilité qu'excite l'aspect d'une personne qui souffre, on aura opposé ceux de la justice, qui ne permettent à personne d'être bienfaisant aux dépens d'autrui ; lorsque du lit de l'homme qui souffre la pauvreté, parce qu'il a été ou magnifique, ou dissipateur, on aura transporté les yeux sur le grabat du malheureux qui ne fournit aux contributions publiques qu'avec ses sueurs ou avec le prix du pain qu'il retranche à ses enfans : on sera convaincu que, loin d'amollir les dispositions du décret du 3 août, il faut ajouter à leur apparente sévérité, parce qu'elles se ressentent encore beaucoup des vieux préjugés que le luxe & l'amour de l'argent avoient trop profondément gravés dans le cœur de la plupart des hommes.

Aux Archives, le 23 janvier 1792. C AMUS.

TABLES CHRONOLOGIQUES

DES DÉCRETS

Contenus dans le Code des Pensions.

PREMIÈRE TABLE,

Selon la date de la prononciation des Décrets par l'Assemblée.

SECONDE TABLE,

Selon la date des fanctions ou appofitions du fceau, & par laquelle on indique vulgairement la date de la loi.

---

*INDICATION des Rapports & autres écrits publiés à l'impri-
merie nationale, qui ont préparé les décrets recueillis
dans le code des pensions.*

Des récompenses en général, des pensions en particulier,
par M. Lamy, député.

Discours sur les pensions militaires, prononcé le 31 décembre 1789, par M. de Wimpfen.

Objet, ordre & état actuel des travaux du comité des
pensions.

Correspondance du comité des pensions avec les ministres
& ordonnateurs.

Iᵉʳ rapport du comité des pensions. Faits & abus.

Addition au Iᵉʳ rapport du comité des pensions. Suite
des faits & abus.

IIᵉ rapport. Principes fondamentaux & règles générales.

IIIe rapport. Parti à prendre sur les pensions existantes.

Rapport de M. de Wimpfen, au nom du comité militaire, du 3 juillet 1790, sur les pensions dues aux militaires.

Rapport du comité des pensions, fait le 31 juillet 1790, sur les pensions & gratifications aux gens-de-lettres, savans & artistes. (In-4°.)

Ordre de travail du comité des pensions, imprimé au mois d'août 1790.

Rapport sur les retraites des sous-officiers & soldats, fait au nom du comité militaire, le 22 Novembre 1790, par M. de Wimpfen.

Rapport de M. Champeaux, sur les retraites des employés supprimés, imprimé en tête du décret du (25) 31 juillet 1791.

Rapport de M. de Boufflers, au nom du comité d'agriculture & de commerce, sur l'application des récompenses nationales aux inventions & découvertes.

Le comité des pensions a fait imprimer d'ailleurs le livre rouge, les états de comptant & plusieurs autres écrits que je n'indique pas ici, parce qu'ils dévoilent des déprédations qui ne se portoient pas sur la seule partie des pensions, mais aussi sur différentes autres parties des finances.

Il a fait imprimer aussi l'état de toutes les pensions existantes en 1789, sur le trésor public, 4 volumes *in-*4°.

Fin des Tables.

CODE

CODE

DES PENSIONS,

OU

RECUEIL DES DÉCRETS

DE

L'ASSEMBLÉE-NATIONALE-CONSTITUANTE,

Sur les Récompenses pécuniaires, Gratifications & Pensions.

Extrait des arrêtés du 4 août 1789, publiés & promulgués par le roi les 21 septembre & 3 novembre suivans.

ARTICLE XV.

Sur le compte qui sera rendu à l'Assemblée nationale de l'état des pensions, graces & traitemens, elle s'occupera, de concert avec le roi, de la suppression de celles qui n'auroient pas été méritées : sauf à déterminer pour

Code des Pensions. **A**

l'avenir, une somme dont le roi pourra disposer pour cet objet.

Voyez les décrets du 5 mars & du 3 août 1790 , notamment ce dernier, au titre premier, article 14 ; & au titre 3 , art. 1er.

- - -

DÉCRET des 4 & 5 janvier 1790,

Sanctionné le 14 du même mois,

Portant règlement provisoire fur les pensions.

L'Assemblée nationale a décrété & décrète :

ARTICLE PREMIER.

Les arrérages échus jusqu'au premier janvier préfent mois , de toutes pensions, traitemens conservés, dons & gratifications annuelles qui n'excéderont pas la somme de 3,000 livres , feront payés conformément aux règlemens existans ; & fur ceux qui excéderont ladite somme de 3,000 livres , il fera payé provisoirement la somme de 3,000 livres feulement : excepté toutefois à l'égard des feptuagénaires, dont les pensions, dons & gratifications feront payés provisoirement jusqu'à 1,2000 livres : & fera le premier ministre des finances chargé , le jour de la fanction du préfent décret, de fe faire apporter l'état defdites pensions , dons & gratifications au-deffus de 3,000 livres & de 12,000 livres , qui auroient pu être payées dans l'intervalle du premier janvier au jour de la fanction , pour arrêter ledit état.

Voyez les règlemens alors existans , datés & analyfés dans le premier rapport du comité des pensions ; le décret du 7 avril 1790 , notamment à l'article 5 ; & ceux des 20 avril , 19 mai 1790 , 20 février & 2 juillet 1791.

Art. II.

A compter du premier janvier 1790, le paiement de toutes pensions, traitemens conservés, dons & gratifications annuelles à écheoir en la présente année, sera différé jusqu'au premier juillet prochain, pour être payé à ladite époque d'après ce qui aura été décrété par l'Assemblée.

Voyez les décrets des 20 avril & 27 juin 1790.

Art. III.

Il sera nommé un comité de douze personnes, qui présenteront incessamment à l'Assemblée un plan, d'après lequel les pensions, traitemens & gratifications, dons, &c., actuellement existans, devront être réduits, supprimés ou augmentés, & proposeront les règles d'après lesquelles les pensions devront être accordées à l'avenir.

Voyez le décret du 3 août 1790.

Art. IV.

Il ne sera payé, même provisoirement, aucunes pensions, dons, gratifications, ni aucuns traitemens & appointemens attribués à quelques fonctions publiques, aux François habituellement domiciliés dans le royaume, & actuellement absens sans mission expresse du gouvernement, antérieure à ce jour.

Voyez les décrets des premier mars, 24 juin & 2 juillet 1791.

Décret du 5 mars 1790,

Qui défend d'accorder aucune pension jusqu'à ce que les règles de leur concession soient établies.

L'Assemblée nationale, après avoir entendu le rapport de son comité des pensions, déclare que d'après les décrets des 4 & 5 janvier, sanctionnés par le roi le 14 du même mois, il n'a pu & ne peut être accordé aucune pension jusqu'à ce que les règles pour leur concession aient été décrétées par l'Assemblée & acceptées par le roi. Décrète, en conséquence, que son président se retirera, dans le jour, pardevers sa majesté, pour la supplier de défendre à ses ministres & à tous autres ordonnateurs, de lui présenter aucune demande de pension jusqu'à ce que les règles d'après lesquelles elles doivent être accordées, aient été décrétées & acceptées.

Voyez l'extrait des arrêtés du 4 août 1789, & les décrets cités au présent article.

Décret du 26 mars 1790,

Concernant les pensions sur la loterie royale.

L'Assemblée nationale a décrété que les petites pensions accordées précédemment sur la loterie royale, qui se trouvent comprises dans un état remis au comité des pensions, & qui n'excèdent pas la somme de 600 livres, seront payées provisoirement.

Voyez le décret du 7 avril 1790, & le troisième de ceux du 18 août 1791.

DÉCRET du 7 avril 1790,

Concernant le paiement des pensions pour subsistance.

ARTICLE PREMIER.

L'Assemblée nationale persistant dans son décret du 26 mars dernier, concernant les pensions ou gratifications qui se payent annuellement sur les fonds de la loterie royale, décrète qu'il sera payé à chacune des personnes employées dans l'état remis au comité des pensions, la somme pour laquelle elles s'y trouvent employées, pourvu que ladite somme n'excède pas celle de 600 livres ; & dans le cas où elle l'excéderoit, ordonne qu'il sera seulement payé la somme de 600 livres.

Voyez le décret du 26 mars précédent.

ART. II.

L'Assemblée nationale décrète également, qu'il sera payé aux personnes employées sur les états de la ferme du Port-Louis, sur les états des fermes, & sur tous autres états dressés pour l'année 1788, la somme de 600 livres, ou telle autre somme inférieure pour laquelle elles s'y trouveront, le tout provisoirement, sans tirer à conséquence pour la continuité à l'avenir desdites gratifications & pensions : sous la condition que dans le cas où la même personne se trouveroit employée dans plusieurs des états mentionnés au décret, ou autres états des pensions ou traitemens, il ne lui sera payé la somme de 600 livres qu'une seule fois : le tout sans préjudice du décret des 4 & 5 janvier dernier, concernant les pensions sur le trésor royal & les traitemens, lequel sera exécuté selon sa forme & teneur.

A 3

A r t.   I I I.

L'Assemblée nationale décrète que la demi-solde attri-, buée aux matelots ou autres gens de mer invalides ou infirmes, continuera à être accordée sur la caisse des invalides à ceux qui auront droit, aux termes des règlemens exiſtans.

Voyez les décrets des 27 juin 1790, art. 6; 28 & 31 avril 1791.

A r t.   I V.

L'Assemblée ordonne que son préſident ſe retirera pardevers le roi, à l'effet de lui préſenter les motifs du préſent décret, de le ſupplier de faire acquitter les ſommes mentionnées au décret le plus promptement qu'il ſera poſſible; & dans le cas où l'état du tréſor royal ne permettroit pas d'en acquitter la totalité ſur-le-champ, d'ordonner à ſes miniſtres de prendre les meſures convenables pour les acquitter par partie & ſucceſſivement à chacune des perſonnes auxquelles elles ſeront dues; & de rendre les meſures qui auront été priſes, publiques.

A r t.   V.

Sera auſſi chargé le préſident de ſupplier ſa majeſté de faire accélérer le paiement des penſions militaires, particulièrement de celles qui ſont au-deſſous de 100 l., & dont les arrérages de l'année 1788 ſont encore dus; & de deſtiner ſpécialement à cet emploi les ſommes qui devoient ſervir à acquitter les mandats dont le paiement a été ſuſpendu par l'autre décret de l'Assemblée nationale, du 26 mars dernier.

Voyez le décret du 26 mars dont il eſt ici parlé, au procès-verbal du jour, ou dans les collections générales des décrets.

DÉCRET du 20 avril 1790,

Concernant les pensions des officiers suisses & des gendarmes de la garde.

ARTICLE PREMIER.

L'Assemblée nationale, après avoir entendu le rapport de son comité des pensions, déclare que les pensions dues aux officiers suisses résidans en Suisse, ne sont pas comprises dans la suppression prononcée par les décrets des 4 & 5 janvier dernier.

Voyez ci-dessus les décrets cités au présent article, & celui du premier octobre 1790.

ART. II.

L'Assemblée nationale déclare que les pensions accordées aux gendarmes de la garde & aux personnes attachées à ce corps, lors de sa suppression, doivent être payées jusqu'à la concurrence de la somme de 600 l., conformément au décret du 7 avril présent mois.

Voyez ci-dessus le décret cité au présent article.

DÉCRET du 19 mai 1790,

Concernant les pensions sur les économats.

L'Assemblée nationale, ouï le rapport du comité des pensions, décrète que les pensions ci-devant accordées sur les économats, seront payées provisoirement sur cette même caisse pour l'année 1789, jusqu'à concurrence de la somme de 600 livres, & au-dessous, si elles ont été accordées d'une moindre fomme, conformément à fon décret du 7 avril dernier.

Voyez ci-deffus le décret cité au préfent article.

DÉCRET du 6 juin 1790,

Pour la fuppreffion des penfions attachées à des places.

L'Affemblée nationale a décrété & décrète ce qui fuit :

Toutes les dépenfes des cours fupérieures & jurifdictions diverfes, connues fous le nom de gages du confeil, de fupplément de gages, traitemens, gratifications, penfions attachées à certaines places, attributions particulières, indemnités, menues néceffités, chauffages, frais de bureau, frais de logement, frais de concierge, franc-falé, feront retranchées de la dépenfe publique, à compter du jour où le nouvel ordre judiciaire fera établi.

Les acquits patents feront fupprimés, & il fera ftatué, d'après le rapport du comité des penfions, fur ceux qui ont été ci-devant accordés.

Voyez le décret du 3 août 1790, titre 3, article premier; & du 2 juillet 1791, article premier.

EXTRAIT du décret du 11 juin 1790.

Après avoir fait différens règlemens pour la diminution des bureaux de la ferme générale, l'Affemblée a décrété l'article 5 ainfi qu'il fuit :

« L'Affemblée nationale prendra en confidération la

» situation & le service des employés qui seront suppri-
» més. »

Voyez le décret du 25 juillet 1791.

DÉCRET du 27 juin 1790,

Sanctionné le 11 février 1791.

**Pour le paiement des arrérages échus des pensions, & la suspension
du paiement des arrérages à écheoir.**

L'Assemblée nationale, après avoir entendu son comité
des pensions, décrète ce qui suit :

ARTICLE PREMIER.

Tous les pensionnaires sans exception, sur quelque
caisse que leur paiement ait été originairement assigné,
toucheront les arrérages de leurs pensions, échus soit
pour année entière, soit pour portion d'année, jusqu'au
31 décembre 1789 ; & le paiement leur en sera fait
sans retard ni discontinuation, sous les retenues établies
par les règlemens.

Voyez le décret du 7 août 1790.

Les règlemens cités sont : arrêt du conseil du 19 janvier 1770;
autre du 13 octobre 1787.

ART. II.

La suspension ordonnée par l'article 2 du décret des
4 & 5 janvier dernier, sanctionné par le roi le 14 du
même mois, du paiement de toutes pensions, traitemens
conservés, dons & gratifications annuelles, est prorogée

juſqu'à ce que par l'Aſſemblée nationale, en ſtatuant ſur le rapport qui lui ſera fait inceſſamment par ſon comité des penſions, il en ait été autrement ordonné.

Voyez le décret du 3 août 1790, titre 3, article premier. —

A r t. I I I.

Les penſions accordées aux familles d'Aſſas, de Chambors, & au colonel Luckner, ainſi que les penſions de 600 livres & au-deſſous, ſont exceptées de cette prorogation, & ſeront payées à leur échéance pour les ſix premiers mois de l'année 1790.

Voyez le décret du 3 août 1790, titre 3, art. 19.

A r t. I V.

Sont pareillement exceptées de cette prorogation les penſions aſſignées ſur les économats, aux ci-devant jéſuites, aux nouveaux convertis & aux anciens employés à la régie des économats, au nombre de onze, leſquelles ſeront payées : ſavoir, celles des ci-devant jéſuites & celles des nouveaux convertis, en leur entier; & celles des anciens employés pour les ſix premiers mois de l'année 1790; & juſqu'à la concurrence ſeulement de 1,000 liv. pour l'année entière, à l'égard de celles qui excèdent ladite ſomme de 1,000 livres.

Voyez le décret du 9 janvier 1791.

A r t. V.

Continueront d'être acquittées les aumônes ordinaires diſtribuées ſur les fonds des économats, ainſi que les penſions alimentaires qui ſe payent à des religieuſes dont les maiſons ont été ſupprimées, ſur les fonds deſtinés au ſoulagement des communautés religieuſes.

Art. VI.

Les veuves & enfans des matelots qui fe trouvent en tour de remplacement, feront infcrits fur les rôles de diftribution des 120,000 livres appartenans pour cet objet à la marine, au lieu & place de ceux qui font décédés en 1789, au nombre de cent fix.

Voyez le décret du 31 avril 1791, titre 4, article 8.

Extrait du décret du 12 juillet 1790,

Sanctionné le 24 août fuivant,

Sur la conftitution civile du clergé.

TITRE III.

Article IX.

Les curés qui, à caufe de leur grand âge ou de leurs infirmités, ne pourroient plus vaquer à leurs fonctions, en donneront avis au directoire du département, qui, fur les inftructions de la municipalité & de l'adminiftration du diftrict, laiffera à leur choix, s'il y a lieu, ou de prendre un vicaire de plus, lequel fera payé par la nation fur le même pied que les autres vicaires, ou de fe retirer avec une penfion égale au traitement qui auroit été fourni au vicaire.

Voyez le décret du 29 feptembre 1791, art. 6.

Art. X.

Pourront les vicaires, aumôniers des hôpitaux, fupérieurs de féminaires, & tous autres exerçant des fonctions publiques, en faifant conftater leur état de la manière qui vient d'être prefcrite, fe retiter avec une penfion de la valeur du traitement dont ils jouiffoient, pourvu qu'il n'excède pas la fomme de 800 livres.

Voyez le décret du 29 feptembre 1791 , article 6.

DÉCRET du 18 juillet 1790,

Sanctionné le 23 du même mois ,

Sur les paiemens à faire par le receveur du clergé.

L'Affemblée nationale a décrété & décrète ce qui fuit :

ARTICLE PREMIER.

Le receveur général du clergé continuera de payer à Paris, jufques & compris le 30 feptembre prochain feulement, la portion des arrérages de l'année 1789 & des précédentes, des rentes & penfions affignées fur le clergé, & des autres objets de dépenfe relatifs à fon adminiftration, exigibles avant le premier juillet de la préfente année, qui ont été jufqu'à préfent payés à Paris. L'Affemblée fera connoître inceffamment, par qui & de quelle manière fe fera pour l'année 1790 & les fuivantes, le paiement des penfions , rentes & autres charges annuelles qui étoient acquittées ci - devant au nom du clergé.

Voyez l'art. 3 du titre 3 du décret du 3 août 1790; & le décret du 29 feptembre 1791 , articles premier & fuivans.

Les articles 2, 3, 4, 5 & 6 font uniquement relatifs au paiement des rentes fur le clergé.

ART. VII.

L'Affemblée nationale prendra en confidération les

fervices de ceux qui étoient employés à Paris, dans l'adminiftration du clergé.

Voyez le décret du 25 juillet 1791, article premier.

Extrait du décret du 24 Juillet 1790,

Sanctionné le 24 août fuivant,

Sur le traitement du clergé actuel.

Article XIII.

Il pourra être accordé, fur l'avis des directoires de
département & de diftrict, aux eccléfiaftiques qui, fans
être pourvus de titres quelconques, font attachés à des
chapitres fous le nom d'habitués, ou fous toute autre
dénomination, ainfi qu'aux officiers laïcs, organiftes,
muficiens, & autres perfonnes employées pour le fervice
divin, & aux gages defdits chapitres féculiers & reguliers,
un traitement, foit en gratification, foit en penfion, fuivant le temps, le taux & la nature de leurs fervices,
& eu égard à leur âge & leurs infirmités; & cependant
les appointemens ou traitemens dont ils jouiffent, leur
feront payés la préfente année.

Voyez le décret du 29 feptembre 1791.

Art. XVII.

Les eccléfiaftiques qui n'ont d'autres revenus eccléfiaftiques que des penfions fur bénéfices, continueront d'en
jouir; pourvu qu'elles n'excèdent pas 1,000 livres : & fi
elles excèdent cette fomme, 1°. de 1000 livres, 2°. de
la moitié de l'excédant, pourvu que le tout n'aille pas
au-delà de 3,000 livres. La réduction déterminée par
cet article aura lieu, à compter du premier janvier 1790.

Art. XVIII.

Les penfions fur bénéfices dont les biens fe trouveront régis par les économats, feront auffi continuées dans les mêmes proportions que ci-deffus.

Art. XX.

Les penfions affignées fur la caiffe des économats, fur celle du clergé & autres biens eccléfiaftiques, ainfi que les indemnités, dons, aumônes ou gratifications dont les revenus eccléfiaftiques quelconques peuvent être chargés, feront réglées inceffamment fur le rapport du comité des penfions, & affignées fur le tréfor public.

Voyez l'art. 3 du tit. 3 du décret du 3 août 1790 ; & le décret du 29 feptembre 1791.

Art. XXI.

Toutes les penfions, excepté celles créées pour les curés enfuite de réfignation ou permutation de leur cure, & celles qui n'étoient fujètes à aucune retenue, continueront de n'être comptées, dans tous les cas, que pour leur valeur réelle : c'eft-à-dire, déduction faite des trois dixièmes dont la retenue étoit ordonnée.

Voyez l'art. 9 du tit. 3 du décret du 3 août 1790.

DÉCRET du 3 août 1790,

Sanctionné le 22 du même mois,

Portant règlement général fur les récompenfes pécuniaires, gratifications & penfions.

L'Affemblée nationale confidérant que chez un peuple libre, fervir l'Etat eft un devoir que tout citoyen eft tenu de remplir, & qu'il ne peut prétendre de récompenfe qu'autant que la durée, l'éminence & la nature de fes fervices lui donnent des droits à une reconnoiffance particulière de la nation ; que s'il eft jufte que, dans l'âge des infirmités, la patrie vienne au fecours de celui qui lui a confacré fes talens & fes forces : lorfque fa fortune lui permet de fe contenter des graces honorifiques, elles doivent lui tenir lieu de toute autre récompenfe, décrète ce qui fuit :

ARTICLE PREMIER.

L'Etat doit récompenfer les fervices rendus au Corps focial, quand leur importance & leur durée méritent ce témoignage de reconnoiffance. La nation doit auffi payer aux citoyens le prix des facrifices qu'ils ont faits à l'utilité publique.

ART. II.

Les feuls fervices qu'il convient à l'Etat de récompenfer, font ceux qui intéreffent la fociété entière. Les fervices qu'un individu rend à un autre individu, ne peuvent être rangés dans cette claffe, qu'autant qu'ils font accompagnés de circonftances qui en font réfléchir l'effet fur tout le Corps focial.

ART. III.

Les facrifices dont la nation doit payer le prix, font ceux qui naiffent des pertes qu'on éprouve en défendant la patrie, ou des dépenfes qu'on a faites pour lui procurer un avantage réel, conftaté.

ART. IV.

Tout citoyen qui a fervi, défendu, illuftré, éclairé fa

patrie, ou qui a donné un grand exemple de dévoue-
ment à la chose publique, a des droits à la reconnoiffance de la nation, & peut, fuivant la nature & la durée
de fes fervices, prétendre aux récompenfes.

Art. V.

Les marques d'honneur décernées par la nation feront
perfonnelles & mifes au premier rang des récompenfes
publiques.

Voyez la conftit. françaife, tit. 3, ch. 3, fect. 1re, art. 1er.

Art. VI.

Il y aura deux efpèces de récompenfes pécuniaires :
les penfions & les gratifications. Les premières font deftinées au foutien du citoyen qui les aura méritées ; les
fecondes à payer le prix des pertes fouffertes, des facrifices faits à l'utilité publique.

Art. VII.

Aucune penfion ne fera accordée à qui que ce foit
avec claufe de réverfibilité ; mais, dans le cas de défaut
de patrimoine, la veuve d'un homme mort dans le cours
de fon fervice public, pourra obtenir une penfion alimentaire ; & les enfans feront élevés aux dépens de la nation,
jufqu'à ce qu'elle les ait mis en état de pourvoir eux-mêmes
à leur fubfiftance.

Voyez le décret interprétatif du 18 août 1791, article premier.

Art. VIII.

Il ne fera compris dans l'état des penfions que ce qui
fera accordé pour récompenfe de fervice ; tout ce qui
fera

sera prétendu à titre d'indemnité, de dédommagement, comme prix d'aliénation ou autres causes semblables, sera placé dans la classe des dettes de l'Etat, & soumis aux règles qui seront décrétées pour la liquidation des créanciers de la nation.

A r t. I X.

On ne pourra jamais être employé sur l'état des pensions, qu'en un seul & même article. Ceux qui auroient usurpé, de quelque manière que ce soit, plusieurs pensions, seront rayés de la liste des pensionnaires, & privés des graces qui leur auroient été accordées.

Voyez au titre 3 de cette même loi, art. 11.

A r t. X.

Nul ne pourra recevoir en même-temps une pension & un traitement ; aucune pension ne pourra être accordée sous le nom de traitement conservé & de retraite.

Voyez l'article 5 du titre 3 de cette même loi, & le décret du 18 août 1791, art. 2.

A r t. X I.

Il ne pourra être concédé de pensions à ceux qui jouissent d'appointemens, gages ou honoraires : sauf à leur accorder des gratifications, s'il y a lieu.

Voyez le décret du 18 août 1791, art. 2.

A r t. X I I.

Un pensionnaire de l'Etat ne pourra recevoir de pension, ni sur la liste civile, ni d'aucune puissance étrangère.

Code des Pensions. B

Art. XIII.

La liste civile étant destinée au paiement des personnes attachées au service particulier du roi & à sa maison, tant domestique que militaire, le trésor public demeure déchargé de toutes pensions & gratifications qui peuvent avoir été accordées, ou qui le seroient par la suite aux personnes qui auroient été, sont, ou seront employées à l'un ou l'autre de ces services.

Art. XIV.

Il sera destiné, à l'avenir, une somme de douze millions de livres, à laquelle demeurent fixés les fonds des pensions, dons & gratifications : savoir, dix millions pour les pensions, & deux millions pour les dons & gratifications. Dans le cas où le remplacement des pensionnaires décédés ne laisseroit pas une somme suffisante pour accorder des pensions à tous ceux qui pourroient y prétendre, les plus anciens d'âge & de service auront la préférence ; les autres l'expectative, avec l'assurance d'être les premiers employés successivement.

Voyez les articles 15 & 17 du titre 3 de cette même loi ; & le décret du 14 juillet 1791.

Art. XV.

Au-delà de cette somme, il ne pourra être payé ni accordé, pour quelque cause, sous quelque prétexte ou dénomination que ce puisse être, aucunes pensions, dons & gratifications : à peine contre ceux qui les auroient accordées ou payées, d'en répondre en leur propre & privé nom.

Voyez le décret du 2 juillet 1791, formant exception.

Art. XVI.

Ne font compris dans la fomme de ces dix millions affectés aux penfions, les fonds deftinés aux invalides, aux foldes & demi-foldes, tant de terre que de mer, fur la fixation & diftribution defquels fonds l'Affemblée fe réferve de ftatuer; ni les penfions des eccléfiaftiques, qui continueront d'être payées fur les fonds qui y feront affectés.

Voyez les décrets du 14 décembre 1790; du 28 mars, du 31 avril & du 29 feptembre 1791.

Art. XVII.

Aucun citoyen, hors le cas de bleffures reçues ou d'infirmités contractées dans l'exercice des fonctions publiques, & qui le mettent hors d'état de les continuer, ne pourra obtenir de penfion qu'il n'ait trente ans de fervice effectif, & ne foit âgé de cinquante ans : le tout fans préjudice à ce qui fera ftatué par les décrets particuliers relatifs aux penfions de la marine & de la guerre.

Voyez le titre 2 de cette même loi; l'article 7 du décret du 14 décembre 1790; & les décrets en faveur des perfonnes dont les places font fupprimées par la nouvelle conftitution. Les principaux font des 2, 7, 14 décembre 1790, 20 février, 31 juillet, 18 feptembre 1791.

Art. XVIII.

Il ne fera jamais accordé de penfion au-delà de ce dont on jouiffoit à titre de traitement ou appointemens dans le grade que l'on occupoit. Pour obtenir la retraite d'un grade, il faudra avoir paffé le temps qui fera déterminé par les décrets relatifs à chaque nature de fervice; mais quel que fût le montant de ces traitemens & appointemens, la penfion, dans aucun cas, fous aucun prétexte, & quels que puissent être le grade ou les fonctions du pensionné, ne pourra jamais excéder la somme de 10,000 livres.

Voyez le décret interprétatif du 18 août 1791.

A R T. X I X.

La pension accordée à trente ans de service, sera du quart du traitement, sans toutefois qu'elle puisse être moindre de 150 livres.

Voyez le décret du 9 janvier 1791, en faveur des officiers de fortune.

A R T. X X.

Chaque année de service, ajoutée à ces trente ans, produira une augmentation progressive du vingtième des trois-quarts restans de ces appointemens & traitemens : de manière qu'après cinquante ans de service, le montant de la pension sera de la totalité des appointemens & traitemens, sans que néanmoins, comme on l'a dit ci-devant (1), cette pension puisse jamais excéder la somme de 10,000 livres.

A R T. X X I.

Le fonctionnaire public, ou tout autre citoyen au service de l'Etat, que ses blessures ou infirmités obligeront de quitter son service ou ses fonctions avant les trente années expliquées ci-dessus, recevra une pension déterminée par la nature & la durée de ses services, le genre de ses blessures, & l'état de ses infirmités.

A R T. X X I I.

Les pensions ne seront accordées que d'après les instructions fournies par les directoires de départemens & de

____

(1) Article 18.

districts, & sur l'attestation des officiers généraux & autres agens du pouvoir exécutif & judiciaire, chacun dans la partie qui les concerne.

Voyez le décret du 22 février 1791.

A r t. X X I I I.

A chaque session du corps législatif, le roi lui fera remettre la liste des pensions à accorder aux différentes personnes qui, d'après les règles ci-dessus, seront dans le cas d'y prétendre. A cette liste sera jointe celle des pensionnaires décédés & des pensionnaires existans. Sur ces deux listes envoyées par le roi à la législature, elle rendra un décret approbatif des nouvelles pensions qu'elle croira devoir être accordées ; & lorsque le roi aura sanctionné le décret, les pensions accordées dans cette forme, seront seules exigibles & les seules payables par le trésor public.

Voyez le décret du 22 février 1791.

La formule des brevets à expédier, en vertu des décrets de concession, est réglée par un décret particulier du 28 avril 1791.

A r t. X X I V.

Les gratifications seront accordées d'après les mêmes instructions & attestations portées dans l'art. 22. Chaque gratification ne sera donnée que pour une fois seulement ; & s'il en est accordé une seconde à la même personne, elle ne pourra l'être que par une nouvelle décision, & pour cause de nouveaux services. Dans tous les cas, les gratifications seront déterminées par la nature des services rendus, des pertes soufferts, & d'après les besoins de ceux auxquels elles seront accordées.

Voyez l'art. 9 du tit. 2 de cette même loi ; & le décret du 22 février 1791.

Art. XXV.

'A chaque ſeſſion il ſera préſenté un état des gratifications à accorder, & des motifs qui doivent en déterminer la conceſſion & le montant. L'état de celles qui
feront jugé devoir être accordées, fera pareillement
décrété par l'Aſſemblée légiſlative. Après que le roi aura
fanctionné le décret, les gratifications accordées dans
cette forme feront auſſi les ſeules payables par le tréſor
public.

Voyez le décret du 22 février 1791.

Art. XXVI.

Néanmoins dans les cas urgens, le roi pourra accorder
proviſoirement des gratifications : elles ſeront compriſes
dans l'état qui ſera préſenté à la légiſlature ; & ſi elle
les juge accordées ſans motifs, ou contre les principes
décrétés, le miniſtre qui aura contre-ſigné les déciſions,
fera tenu d'en verſer le montant au tréſor public.

Art. XXVII.

L'état des penſions, tel qu'il aura été arrêté par l'Aſ-
femblée nationale, fera rendu public. Il ſera imprimé en
entier tous les dix ans ; & tous les ans, dans le mois de
janvier, l'état des changemens ſurvenus dans le cours
des années précédentes, ou des conceſſions de nouvelles
penſions & gratifications, fera pareillement livré à l'im-
preſſioh.

TITRE II.

Règles particulières concernant les récompenses pécuniaires qui peuvent être accordées à ceux qui ont servi l'Etat dans la guerre, dans la marine, dans les emplois civils, les sciences, les lettres & les arts.

ARTICLE PREMIER.

Le nombre d'années de service nécessaire dans les troupes de ligne, pour obtenir une pension, sera de trente années de service effectif ; mais, pour déterminer le montant de la pension, il sera ajouté à ces années de service les années résultantes des campagnes de guerre, d'embarquement, de service en garnison hors de l'Europe, d'après les proportions suivantes.

Chaque campagne de guerre & chaque année de service en garnison hors de l'Europe, sera comptée pour deux ans.

Chaque année d'embarquement, en temps de paix, sera comptée pour dix-huit mois.

Ce calcul aura lieu dans quelque grade que les campagnes & les années de service ou d'embarquement aient été faites ; dans le grade de soldat, comme dans tous les autres.

Voyez les décrets du 23 décembre 1790 ; du 4 mars & du 16 avril 1791.

ART. II.

Tous les officiers, soit étrangers, soit français, employés dans les troupes de ligne françaises ou étrangères au service de l'Etat, de quelqu'arme & de que'que grade qu'ils soient, seront traités pour leur pension sur le pied de l'infanterie française. Tous les officiers d'un même grade, quoique de classe différente, même simplement commissionnés, mais en activité, seront pensionnés également sur le pied de ceux de la première classe.

A r t.   I I I.

On n'obtiendra la pension attachée à un grade, qu'autant qu'on l'aura occupé pendant deux ans entiers, à moins que, pendant le cours desd.tes deux années, on ait reçu quelque blessure qui mette hors d'état de servir.

A r t.   I V.

Le nombre d'années de service nécessaire dans la marine pour obtenir une pension, sera de vingt-cinq années de service effectif; & pour fixer le montant de la pension, il sera ajouté à ces années de service les années résultantes des campagnes de guerre, embarquement, service ou garnison hors de l'Europe, dans les mêmes proportions qui ont été fixées par l'article premier du présent titre, pour les troupes de terre.

Ce calcul aura lieu quels qu'aient été la classe ou le grade dans lesquels on a commencé à servir; mais l'on n'aura la pension attachée au grade, qu'après l'avoir occupé pendant deux ans entiers, ainsi qu'il est dit dans l'article 3.

Voyez les décrets des 4 mars, 22 avril & 22 septembre 1791.

A r t.   V.

Le taux de la pension qu'on obtiendra, après avoir servi l'Etat dans les emplois civils pendant trente années effectives, sera réglé sur le traitement qu'on avoit dans le dernier emploi, pourvu qu'on l'ait occupé pendant trois années entières.

Les années de service qu'on auroit remplies dans des

emplois civils hors de l'Europe, seront comptées pour deux années, lorsque les trente années de service effectif seront d'ailleurs complètes.

Voyez cependant le décret du 2 juillet 1791.

Art. VI.

Les artistes, les savans, les gens de lettres, ceux qui auront fait une grande découverte propre à soulager l'humanité, à éclairer les hommes, ou à perfectionner les arts utiles, auront part aux récompenses nationales; d'après les règles générales établies dans le titre premier du présent décret, & les règles particulières qui seront énoncées ci-après.

Voyez les décrets du 30 décembre 1790; 10 & 27 septembre 1791.

Art. VII.

Celui qui aura sacrifié, ou son temps, ou sa fortune, ou sa santé, à des voyages longs & périlleux, pour des recherches utiles à l'économie publique, ou au progrès des sciences & des arts, pourra obtenir une gratification proportionnée à l'importance de ses découvertes & à l'étendue de ses travaux; & s'il périssoit dans le cours de son entreprise, sa femme & les enfans seront traités de la même manière que la veuve & les enfans des hommes morts au service de l'Etat.

Art. VIII.

Les encouragemens qui pourroient être accordés aux personnes qui s'appliquent à des recherches, à des découvertes & à des travaux utiles, ne seront point donnés à raison d'une somme annuelle, mais seulement à raison des progrès effectifs de ces travaux; & la récompense qu'ils pourroient mériter, ne leur fera délivrée que lorfque leur travail fera entièrement achevé, ou lorfqu'ils auront atteint un âge qui ne leur permettra plus de le continuer.

Voyez le décret du 17 feptembre 1791.

A r t. I X.

Il pourra néanmoins être accordé des gratifications annuelles, foit aux jeunes élèves que l'on enverra chez l'étranger pour fe perfectionner dans les arts & les fciences, foit à ceux qu'on feroit voyager pour recueillir des connoiffances utiles à l'Etat.

A r t. X.

Les penfions deftinées à récompenfer les perfonnes ci-deffus défignées, feront divifées en trois claffes.

La première, celle des penfions dont le *maximum* fera de 3,000 livres.

La feconde, celle des penfions qui excèderont 3,000 liv., & dont le *maximum* ne pourra s'élever au-deffus de 6,000 livres.

La troifième comprendra les penfions au-deffus de 6,000 livres, jufqu'au *maximum* de 10,000 livres fixé par les précédens décrets.

A r t. X I.

Le genre de travail, les occupations habituelles de celui qui méritera d'être récompenfé, détermineront la claffe où il convient de le placer ; & la qualité de fes fervices fixera le montant de la penfion : de manière néanmoins qu'il ne puiffe atteindre le *maximum* de la claffe où il aura été placé, que conformément aux règles d'accroiffement déterminées par les articles 19 & 20 du titre premier du préfent décret.

TITRE III.

Suppression des pensions & autres graces pécuniaires exiſtantes au premier janvier 1790. Règles générales pour leur rétabliſſement. Exceptions.

ARTICLE PREMIER.

Les penſions, dons, traitemens ou appointemens conſervés, récompenſes, gratifications annuelles, engagemens contractés pour paiement de dettes, aſſurances de dots & de douaires, conceſſions gratuites de domaines, exiſtans au premier janvier 1790, ou accordés depuis cette époque, ſont ſupprimés. Il ſera procédé à une création nouvelle de penſions, ſuivant le mode qui ſera établi par les articles ſuivans.

Et cependant, par proviſion, tous les ci-devant penſionnaires ſeront payés des arrérages de la préſente année, de leurs penſions, ſi elles ne ſont que de la ſomme de 600 livres ou au-deſſous, ſoit en un, ſoit en pluſieurs articles; & dans le cas où les penſions & gratifications dont on jouiſſoit, excéderoient la ſomme de 600 liv., ſoit en un article, ſoit en pluſieurs, il ſera payé la ſomme de 600 livres à compte ſur les arrérages de la préſente année deſdites penſions & gratifications.

Voyez les décrets du 6 juin 1790; 9 & 11 janvier, 20 février & 2 juillet 1791.

ART. II.

Il ne ſera payé par les adminiſtrations municipales & autres, aucune penſion ou gratification au-delà de la ſomme de 600 livres, conformément à l'article premier du préſent titre, juſqu'à ce que, par l'Aſſemblée nationale, il en ait été autrement ordonné; leſdites adminiſ trations municipales & autres, feront tenues d'envoyer, fans délai, au comité des penfions, l'état certifié des penfions & gratifications dont elles font chargées.

A r t. I I I.

Les penfions qui étoient établies fur la caiffe de l'ancienne adminiftration du clergé, feront payées fur cette même caiffe, pour les fix premiers mois de la préfente année, fur le pied néanmoins de 600 l. au plus pour l'année entière, conformément à l'article premier du préfent titre ; & il en fera de même des penfions qui pourroient exifter encore fur d'autres caiffes que le tréfor public.

Voyez les décrets indiqués fur l'article premier de ce titre, & celui du 29 feptembre 1791.

A r t. I V.

Les perfonnes qui, ayant fervi l'Etat, fe trouveront dans les cas déterminés par les deux premiers titres du préfent décret, obtiendront une penfion de la valeur réglée par lefdits décrets. S'ils avoient déja une penfion, mais de moindre valeur que celle que lefdits décrets leur affurent ; la penfion dont ils jouiffoient demeurera fupprimée, & elle fera remplacée par la penfion plus confidérable qu'ils obtiendront.

A r t. V.

Il fera rétabli une penfion en faveur des officiers généraux qui, ayant fait deux campagnes de guerre, en quelque grade & en quelque lieu que ce foit, avoient précédemment obtenu une penfion ; mais elle ceffera d'être payée s'ils rentrent en activité : en forte que, conformément à

l'article 10 du titre premier du présent décret, il ne
soit jamais payé au même officier pension & traitement.

La pension rétablie ne sera jamais plus forte que celle
dont on jouissoit.

Si la pension dont on jouissoit étoit de 2,000 livres
& plus, la nouvelle pension sera de 2,000 livres pour
l'officier général qui aura fait deux campagnes de guerre ;
elle croîtra de 500 livres à raison de chaque campagne
de guerre au-delà des deux premières ; mais cet accroîs-
sement ne pourra porter le total au-delà de la somme
de 6,000 livres, qui est le *maximum* fixé pour les pensions mentionnées au présent article.

Voyez l'article 6 du décret du 20 février 1791.

A R T. V I.

Les officiers des troupes de ligne, & les officiers de
mer qui avoient servi pendant vingt années dans les
troupes de ligne ou sur mer, qui avoient fait deux
campagnes de guerre, ou deux expéditions de mer, dans
quelque grade que ce soit, & auxquels leur retraite avoit
été accordée avec une pension, soit par suite des ré-
formes faites dans la guerre ou dans la marine, soit à
une époque antérieure aux règlemens qui seront mentionnés en l'article suivant, jouiront d'une nouvelle pension créée en leur faveur ; laquelle ne pourra excéder
celle dont ils jouissoient, mais pourra lui être inférieure,
ainsi qu'il sera dit en l'article 10.

A R T. V I I.

Les personnes qui, n'étant ni dans l'un ni dans l'autre
des cas prévus par les deux articles précédens, auront

obtenu, avant le premier janvier 1790, une penſion pour
ſervices rendus à l'État, dans quelque département que
ce ſoit, en conformité des règlemens faits pour leſdits
départemens, jouiront d'une nouvelle penſion rétablie
en leur faveur, laquelle ne ſera jamais au-deſſus de
celles dont elles jouiſſoient précédemment; mais pourra
être au-deſſous, dans les cas prévus par l'article 10.

Art. VIII.

Les veuves & enfans qui ont obtenu des penſions en
conformité des ordonnances & règlemens faits pour les
départemens dans leſquels leur mari ou leur père
étoient attachés à un ſervice public, & notamment les
veuves & enfans d'officiers tués au ſervice de l'État,
jouiront de nouvelles penſions rétablies en leur faveur,
& pour la même ſomme à laquelle elles étoient portées:
ſous la condition que les penſions deſdites veuves, &
celles de tous leurs enfans réunis, n'excéderont pas la
ſomme de 3,000 livres, qui ſera le *maximum* deſdites
penſions.

Les veuves des maréchaux de France qui avoient
obtenu des penſions, jouiront d'une penſion de 6,000 l.
qui ſera rétablie en leur faveur.

Un décret du 21 ſeptembre 1791, fixe néanmoins à 10,000 l.
la penſion de la veuve du maréchal de Richelieu.

Veuves d'officiers tués au ſervice de l'État. Voyez les décrets
cités ſur l'art. 7 du titre premier ci-deſſus.

Voyez auſſi l'article 19 ci-deſſous.

Art. IX.

Les anciens règlemens ayant, à différentes époques,
ſoumis des penſions à des réductions; converti en rentes
viagères des arrérages échus & non payés; ſuſpendu juſqu'à

la mort des penfionnaires, d'autres arrérages échus & non payés, il eft déclaré :

1°. Que la difpofition des articles précédens, qui porte que les penfions rétablies n'excéderont pas le montant des penfions anciennes fupprimées, s'entend du montant defdites penfions, déduction faite de toutes les retenues qui ont eu ou dû avoir lieu pendant le cours de l'année 1789 : toute exception aux règlemens qui établiffoient lefdites réductions, étant anéantie.

2°. Que les rentes viagères créées pour arrérages échus & non payés, continueront à être fervies aux perfonnes même dont les penfions fe trouveroient fupprimées fans efpérance de rétabliffement ; & hors la nouvelle penfion, aux perfonnes en faveur defquelles une nouvelle-penfion feroit rétablie.

3°. Que les arrérages échus, non payés & portés en décompte fur les brevets, feront compris dans les dettes de l'Etat, & payés comme telles, tant à ceux dont les penfions font fupprimées, qu'à ceux qui obtiendront une nouvelle penfion.

Voyez le décret du 20 février 1791.

Les anciens règlemens & décifions cités dans cet article, font les fuivans :

Décifion en 1766, pour la converfion en rentes viagères, à fix pour cent, des arrérages arriérés au premier janvier 1766.

Arrêt du confeil du 19 janvier 1770, pour les retenues à faire fur les penfions.

Déclaration du 7 janvier 1779, fur le paiement des décomptes ou arrérages arriérés à cette époque, au moment de la mort des penfionnaires. (Art. 2, 3 & 4.)

Arrêt du confeil du 13 octobre 1787, qui établit des retenues fur les penfions.

A r t. X.

Les penfions rétablies en vertu des articles précédens, & dont le *maximum* n'a pas été fixé, ne pourront excéder

la somme de 10,000 livres, si le pensionnaire est actuellement âgé de moins de soixante-dix ans ; la somme de
15,000 livres s'il est âgé de soixante-dix à quatre-vingts
ans. Les pensionnaires actuels, âgés de plus de soixante-
quinze ans, qui, ayant rendu des services à l'Etat,
jouissoient de pensions au-dessus de 3,000 livres, conserveront une pension au moins de ladite somme de
3,000 livres.

Ceux qui, ayant servi dans la marine & les colonies,
auront atteint leur soixante-dixième année, jouiront de
la même faveur que les octogénaires.

Les veuves des maréchaux de France qui ont atteint
l'âge de soixante-dix à quatre-vingts ans, jouiront de la
faveur accordée à cet âge.

A r t. X I.

Il ne sera jamais rétabli qu'une seule pension en faveur
d'une même personne, quand elle auroit servi dans plusieurs départemens, & quand ce dont elle jouit en pension
lui auroit été accordé originairement en plusieurs articles ; mais la fixation de la nouvelle pension sera réglée
d'après le total des pensions réunies.

Voyez les articles 9, 10 & 11 du titre premier de la présente loi.

A r t. X I I.

Ceux qui ayant fait quelqu'action d'éclat, ou ayant
rendu des services distingués, dignes d'une gratification
d'après les dispositions des articles 4 & 6 du titre 1er
du présent décret, n'en auroient pas été récompensés,
ou ne l'auroient été que par une pension qui se trouveroit supprimée sans espérance de rétablissement,
seront récompensés sur le fonds de deux millions destiné
aux gratifications.

XIII.

A r t. XIII.

Les perſonnes qui ayant droit à une penſion, ou à une gratification, préféreroient aux récompenſes pécuniaires les récompenſes énoncées dans l'article 5 du titre premier du préſent décret, en feront la déclaration; & l'adreſſeront au comité des penſions, qui en rendra compte au Corps légiſlatif.

A r t. XIV.

L'Aſſemblée nationale ſe réſerve de prendre en conſidération ce qui regarde les ſecours accordés aux Hollandois retirés en France; & juſqu'à ce qu'elle ait prononcé ſur cet objet, ces ſecours continueront d'être diſtribués comme par le paſſé.

A r t. XV.

Pour ſubvenir aux beſoins preſſans des perſonnes qui, ſe trouvant privées des penſions qu'elles avoient précédemment obtenues, n'auroient pas de titres ſuffiſans pour en obtenir de nouvelles, & ne ſeroient pas dans le cas d'être renvoyées, ſoit à la liſte civile, à cauſe de la nature de leurs ſervices, ſoit au comité de liquidation, à cauſe des indemnités dont elles prétendroient que leur penſion eſt le rembourſement: il ſera fait un fonds de deux millions, réparti & diſtribué d'après les règles ſuivantes: 500 portions de 1,000 livres; 1,000 portions de 500 livres; 4,001 portions de 200 livres; 1,332 de 150 livres. Les ſecours de la première claſſe ne ſeront donnés qu'à des perſonnes mariées ou ayant des enfans, ou ſexagénaires; les ſecours de la troiſième & quatrième claſſes ſeront diſtribués à toutes perſonnes qui y auront droit.

Voyez les décrets du 20 février 1791, art. 11; & du 18 août 1791.

A r t. X V I.

Les mémoires présentés dans les différens départemens, par les personnes qui ont obtenu des pensions ; les décisions originales intervenues sur lesdits mémoires ; les registres & notes qui constatent les services rendus à l'État : ensemble les mémoires que toutes personnes qui prétendent avoir droit aux récompenses pécuniaires, jugeront à propos de présenter, seront remis au comité des pensions, qui les examinera & vérifiera, ainsi que les mémoires qui lui ont déja été remis.

Voyez le décret du 16 décembre 1790, art. 1, 2, 3, 4, 5, 8, 9, 11 & 12.

A r t. X V I I.

Après l'examen & la vérification des états & pièces énoncées en l'article précédent, le comité dressera quatre listes. La première comprendra les pensions à payer sur le fonds de dix millions ordonné par l'article 14 du titre premier du présent décret ; la seconde comprendra les pensions rétablies par les articles 5, 6, 7 & 8 du présent titre ; la troisième liste comprendra les secours établis par l'article 15 ; la quatrième liste comprendra les personnes dignes des récompenses établies par l'article 5 du titre premier du présent décret, & qui les auront préférées aux récompenses pécuniaires. Ces listes seront présentées au Corps législatif ; & le décret qui interviendra sera ensuite présenté à la sanction du roi.

A r t. X V I I I.

Lorsque le décret rendu par le Corps législatif, aura été sanctionné par le roi, les pensions comprises dans la première liste seront payées sur le fonds qui y est destiné par l'article 14 du titre premier du préfent décret : à l'égard des penfions & fecours compris dans les feconde & troifième liftes, il fera fait fonds par addition, entre les mains des perfonnes chargées du paiement des penfions, du montant defdites liftes.

Chacune des années fuivantes, le fonds de ces deux liftes ne fera fourni que déduction faite des portions dont jouiffoient les perfonnes qui feront décédées dans le cours de l'année précédente, de manière que lefdits fonds diminuent chaque année graduellement, fans que, fous aucun prétexte, il y ait lieu au remplacement d'aucune des perfonnes qui auront été employées dans les feconde & troifième liftes.

Les quatre liftes feront rendues publiques par la voie de l'impreffion, avec l'expofé fommaire des motifs pour lefquels chacun de ceux qui s'y trouveront dénommés y aura été compris.

Les penfions accordées commenceront à courir du premier janvier 1790 ; mais fur les arrérages qui reviendront à chacun pour l'année 1790, il fera fait imputation de ce qu'on auroit reçu pour ladite année, en exécution des articles 1, 2 & 3 du préfent titre.

Art. XIX.

Nonobftant l'article 8 du préfent titre, relatif aux enfans des officiers tués à la guerre, les enfans du général Montcalm, tué à la bataille de Quebec, au lieu de la fomme de 3,000 livres qu'ils devroient fe partager entre eux aux termes dudit article, toucheront 1,000 livres chacun. L'Affemblée nationale autorife les commiffaires par elle nommés pour la diftribution des nouvelles penfions, à exprimer dans le brevet de 1,000 livres qui fera délivré à chacun defdits enfans, que cette exception a été décrétée par elle comme un témoignage de fon estime particulière pour la mémoire d'un officier aussi distingué par les talens & son humanité, que par sa bravoure & ses services éclatans. La même mention sera faite dans les brevets à expédier à la famille d'Assas, dont il sera parlé en l'article suivant.

A r t. X X.

Les pensions accordées aux familles d'Assas, de Chambors, & au général Luckner, seront conservées en leur entier, nonobstant les dispositions des articles précédens qui pourroient y être contraires. A l'égard des autres exceptions qui ont été ou seroient proposées, elles sont renvoyées au comité des pensions, qui en fera le rapport à l'Assemblée.

D é c r e t du 7 août 1790,

Sanctionné le 14 du même mois,

Concernant l'ordre du paiement des pensionnaires.

L'Assemblée nationale décrète que les pensionnaires qui se présenteront au trésor public, pour être payés en exécution du décret du 27 juin dernier, des arrérages de leurs pensions, échus au 31 décembre 1789, continueront à en être payés sans interruption; mais successivement & par ordre, selon le mois dont leurs brevets sont timbrés, & de manière que le total desdits arrérages se trouve payé au 31 décembre prochain.

Décret du 29 août 1790 ;

Sanctionné le 15 septembre suivant,

Sur le paiement des officiers invalides détachés, & celui des secours accordés sur la loterie royale.

L'Assemblée nationale, d'après la proposition faite au nom des comités militaire & des pensions, décrète ce qui suit :

ARTICLE PREMIER.

Les officiers invalides, compris en l'état envoyé à l'Assemblée nationale le 14 avril dernier, par le ministre de la guerre, seront payés pour la présente année 1790, des sommes portées dans la troisième & la cinquième colonne desdits états, jusqu'à concurrence de 600 liv. pour chacun d'eux, si lesdites sommes réunies montent à celle de 600 liv. seulement, en conformité de l'article premier du titre 3 du décret général sur les pensions ; & en ce non compris leur traitement d'activité.

Nota. Les officiers compris dans l'état mentionné en cet article, étoient des officiers envoyés avec les compagnies détachées de l'hôtel, dans les garnisons & autres lieux. La question avoit été de savoir si l'art. 10 du titre premier du décret du 3 août, n'empêchoit pas qu'ils touchassent, avec leur solde modique, des gratifications également modiques qui leur avoient été accordées pour de belles actions ou pour de longs services.

ART. II.

Les personnes portées sur l'état des gratifications annuelles assignées sur les fonds de la loterie royale de l'année 1788, pour des sommes plus fortes que celles dont elles ont été payées en exécution des décrets des 26 mars & 7 avril dernier, feront payées de l'excédant defdites fommes pour l'année 1789 feulement.

Voyez le décret du 27 juin 1790, & celui du 20 février 1791.

DÉCRET du 10 feptembre 1790,

Concernant la continuation des fecours accordés aux Acadiens.

L'Affemblée nationale décrète que les fecours accordés aux Acadiens, leur feront continués fur le pied actuel; & il fera pris les moyens les plus prompts & les plus efficaces pour leur affurer fubfiftance & travail.

Voyez le décret du 21 février 1791.

DÉCRET du 11 feptembre 1790,

Sanctionné le 21 du même mois,

Qui retranche de l'état des dépenfes publiques les penfions accordées aux comédiens français & italiens.

L'Affemblée nationale décrète qu'à compter du premier janvier 1791, la dépenfe relative aux penfions des comédiens français & italiens, à la garde militaire des fpectacles, aux pompes pour garantir les fpectacles des incendies, fera rejetée du compte du tréfor public.

Voyez le décret du 3 août 1790, titre premier, art. 1 & 2.

E X T R A I T du décret du premier octobre 1790,

Sanctionné le 5 du même mois,

Concernant la folde & les penfions des Suiffes. (L'article premier concerne leur folde).

A R T I C L E   I I.

Les officiers, fous-officiers & foldats fuiffes continueront à l'avenir, ainfi qu'il avoit été décrété provifoirement le 15 avril dernier (1), de jouir des penfions, traitemens & émolumens qui leur ont été accordés jufqu'à l'époque du premier mai 1789.

E X T R A I T du décret du 7 décembre 1790,

Sanctionné le 15 du même mois,

Sur l'organifation du corps du génie, & les retraites qui y font acquifes.

T I T R E   P R E M I E R.

A R T I C L E   I X.

Si un colonel-directeur, que fon tour d'ancienneté porteroit à la place d'infpecteur général, préféroit de fe

---

(1) Cette date eft fautive; le décret eft du 20 avril 1790; voyez-le ci-deffus, p. 7.

retirer avec le grade de maréchal-de-camp, à être employé comme inspecteur général, il en auroit la liberté, & recevroit la retraite fixée pour les colonels-directeurs, sans égard à son grade de maréchal-de-camp.

Voyez le décret du 3 août 1790, tit. 2.

A r t. X I I.

Si un maréchal-de-camp que son tour d'ancienneté porteroit au grade de lieutenant général, préféroit de se retirer avec ce grade, à y être employé en activité, il en auroit la liberté, & recevroit la retraite fixée pour les maréchaux-de-camp, sans égard à son grade de lieutenant-général.

Voyez le décret du 3 août 1790, tit. 2.

A r t. X I V.

Les trois années d'études préliminaires à l'admission dans le corps du génie, compteront aux officiers de ce corps pour obtenir les récompenses accordées à l'ancienneté du service.

T I T R E I I I.

A r t. I I I.

Les officiers de tout grade du corps du génie, à l'exception des lieutenans, qui, pour faciliter la nouvelle organisation, & pour ce moment seulement, voudront ne pas continuer leur service, seront libres de se retirer, & auront pour retraite les deux tiers de leurs appointemens : à moins que leurs services, d'après les règles fixées par le décret du 3 août dernier, ne leur donnent droit à un traitement plus considérable.

Voyez le décret du 3 août 1790, titre 2.

A r t. I V.

Les officiers généraux du corps du génie, qui ne feront pas choifis pour remplir les places d'infpecteurs généraux, recevront des traitemens de retraite, fuivant le décret du 3 août dernier. Conferveront néanmoins lefdits officiers le droit de rentrer en activité comme infpecteurs généraux, dans le nombre de ces places laiffé au choix du roi.

D é c r e t du 14 décembre 1790,

Sanctionné le 25 du même mois,

Sur les retraites des fous‑officiers & foldats.

Le jufte dédommagement que méritent les citoyens qui ont couru la carrière des armes, ne devant jamais être foumis à une eftime arbitraire; & confidérant d'une part la nature des fervices du foldat, & de l'autre fon traitement calculé fur le ftrict néceffaire, l'Affemblée nationale décrète ce qui fuit :

A r t i c l e p r e m i e r.

Tout militaire de l'armée de terre, depuis le foldat jufqu'à l'adjudant, exclufivement, fera fufceptible d'obtenir fa retraite après trente années effectives de fervice & cinquante années d'âge, fuivant ce qui fera réglé ci‑après.

Nota. Il faut rapprocher les difpofitions de ce décret de celles du titre 2 du décret du 3 août, dont celui-ci n'est, en quelque sorte, que le développement.

Voyez le décret du 4 mars 1791.

Art. II.

Chaque année d'embarquement ou campagne de mer, en temps de paix, sera comptée pour dix-huit mois; & chaque année de service ou de garnison hors de l'Europe, ainsi que chaque campagne de guerre, dans quelque pays que ce soit, sera comptée pour deux ans.

Art. III.

Tous militaires de l'armée de terre, depuis le soldat jusqu'à l'adjudant, exclusivement, soit étranger, soit français, employés dans les troupes de ligne françaises ou étrangères au service de l'Etat, de quelques armes qu'ils soient, seront traités pour leurs pensions sur le pied de l'infanterie française, chacun relativement à son grade.

Art. IV.

La moindre solde de l'infanterie française étant de 10 sols par jour, ou de 182 livres 10 sols par an, c'est de cette somme de 182 livres 10 sols qu'on partira pour régler les retraites de tous les grades.

Art. V.

Celui qui demandera sa retraite, d'après ce qui est réglé ci-dessus, de quelque arme & de quelque grade qu'il soit, recevra, pour les trente premières années, 150 livres; & s'il jouissoit d'une haute-paie à raison d'ancienneté ou d'un grade, ou à titre de rengagement, il sera ajouté aux premières 150 livres, le quart de la haute-paye dont il jouissoit.

Art. VI.

Il sera en outre formé un total des différentes masses affectées à l'entretien du soldat : savoir, 15 livres de la masse d'habillement, 15 livres de la masse de l'hôpital, 9 livres de la masse de bois & lumière, & 6 livres pour son lit, formant ensemble une masse de 45 liv., à laquelle somme seront ajoutées les 32 l. 10 sols, qui font le complément de la moindre solde, & les trois-quarts restans de la solde de ceux qui jouissoient d'une haute-paye, à raison de leur ancienneté, ou de leur grade, ou à titre de rengagement : pour le tout être divisé en vingt parties égales, dont le pensionnaire recevra autant de parties qu'il aura servi d'années au-delà de trente : de manière qu'après cinquante ans de service, le montant de la retraite sera de la solde entière du grade que le pensionnaire aura rempli, & de la totalité des parties des différentes masses qui avoient été affectées à son entretien.

Art. VII.

Tout militaire que des infirmités contractées dans ses fonctions obligeront de quitter le service avant les trente ans expliqués ci-dessus, recevra une pension déterminée par la nature & la durée de ses services ; & celui qui sera blessé à la guerre au point de ne pouvoir plus continuer son service, aura le *maximum* de la retraite de son grade.

Extrait du décret du 16 décembre 1790 ;

Sanctionné le 22 du même mois,

Sur l'établiffement d'une direction générale de liquidation.

L'Affemblée nationale, ouï le rapport de fes commiffaires chargés de lui préfenter un mode fur l'établiffement d'un bureau de liquidation, décrète ce qui fuit :

ARTICLE PREMIER.

Il fera établi une direction générale fous les ordres d'un commiffaire nommé par le roi, pour la liquidation de tous les objets qui vont être fpécifiés. Le travail général de cette direction fera furveillé par les comités de l'Affemblée, ainfi qu'il fera pareillement expliqué.

ART. II.

L'objet de la direction générale de la liquidation fera de reconnoître, de terminer & liquider . . . . les penfions dues pour fervices rendus à l'État ; les décomptes provenant de l'arriéré des anciennes penfions.

ART. III.

Le commiffaire qui fera nommé par le roi, pour être à la tête de la direction de liquidation, fera tenu de procéder à la vérification de tous les faits qui feront néceffaires pour parvenir à ladite liquidation ; & il fera refponfable de leur exactitude.

ART. IV.

La furveillance des comités de l'Affemblée fur la direction de liquidation , consistera à se faire rendre compte, lorsqu'ils le jugeront à propos, des travaux relatifs à la liquidation des différentes parties à liquider ; des bases sur lesquelles on opérera ; des mesures qui auront été prises pour constater les faits ; des motifs qui retarderoient quelques parties du travail ; des plaintes qui seroient formées de la part des personnes intéressées à la liquidation.

A r t. V.

Le comité..... des pensions surveillera le travail relatif à la reconstitution des pensions , aux termes du décret du 3 août dernier, & au décompte desdites pensions.

A r t. V I.

Le travail de la liquidation sera réparti entre différens bureaux , selon les divers objets qu'il comprend ; mais tout le travail se fera sous les ordres du seul commissaire du roi , responsable comme il a été dit.

Voyez l'article 3.

A r t. V I I I.

Les bureaux *de la direction de liquidation* étant formés, & au 31 de ce mois (décembre 1790), chacun des comités de liquidation, de judicature , des pensions , &c. , fera remettre au bureau correspondant toutes les pièces, renseignemens & mémoires étant entre ses mains. Lesdites pièces seront paraphées par un ou plusieurs des secrétaires - commis attachés au comité , que le comité nommera à cet effet ; & il en sera dressé un bref état, au pied duquel le commissaire du roi se chargera desdites pièces. Il sera fait deux doubles de l'état : l'un sera laissé au commissaire du roi , & l'autre sera remis au comité.

Les mémoires tendant à obtenir le rétabliſſement des penſions ſupprimées, ou la création de nouvelles, dans les cas prévus par le titre 3 du décret du 3 août dernier, continueront d'être remis au comité des penſions, qui les fera paſſer au bureau correſpondant, paraphés & accompagnés d'un bref état, ainſi qu'il eſt dit dans l'article précédent.

Art. X.

Chacun des bureaux chargés des différentes parties de la liquidation, ſuivra dans ſon travail l'ordre établi par le comité correſpondant, & examinera les objets à liquider dans le même rang où ils l'auroient été par le comité. S'il ne ſe trouvoit pas d'ordre encore établi pour quelque partie, il en ſeroit établi un par les comités, de concert avec le commiſſaire du roi.

Nota. L'ordre de travail établi dans le comité des penſions, & rendu public, étoit d'examiner les demandes de penſions ſelon le rang des âges, en commençant par les perſonnes les plus âgées. *Voyez* le décret du premier février 1791, & celui du 2 juillet 1791, qui forment exception aux diſpoſitions de l'article.

Art. XI.

Chaque ſemaine, le commiſſaire du roi remettra ou fera remettre aux comités reſpectifs, aux jours & heures par eux indiqués pour leur ſéance, le travail relatif aux objets qu'ils ſont chargés, par l'article 5, de ſurveiller. L'état du travail ſera ſigné du commiſſaire du roi ; les pièces qui auront ſervi de baſe au travail, ſeront repréſentées, & le commiſſaire du roi, ou celui qu'il aura chargé de le remplacer, rendront ſommairement compte du réſultat du travail.

Art. XII.

Chacun des comités fera enſuite le rapport du même

résultat à l'Assemblée ; le rapporteur y joindra les observations du comité ; & sur ce rapport, l'Assemblée décrétera les différentes parties de liquidation, soit en masse, soit individuellement, ou prononcera tel autre décret que le cas exigera.

Art. XIII.

Le décret du Corps législatif ayant été sanctionné par le roi, le commissaire du roi fera expédier les brevets des pensions qui feront décrétées par l'Assemblée & sanctionnées par le roi, & il les enverra au ministre du département dans lequel les pensionnaires auront servi l'Etat, pour être signés du roi & du ministre du département. Le décret de l'Assemblée, ainsi que la sanction du roi, y feront rapportés & datés.

Voyez la formule des brevets dans le décret du 28 avril 1791.

E XTRAIT du décret du 22 décembre 1790,

Sanctionné le 5 janvier suivant,

Concernant le traitement des vicaires-supérieurs, & vicaires-directeurs des séminaires diocésains.

Après avoir réglé ce traitement sur le rapport du comité ecclésiastique, l'Assemblée a décrété un dernier article en ces termes :

Art. VII.

Se réserve l'Assemblée nationale de prononcer incessamment, sur la gratification ou pension de retraite qui pourra être accordée à raison de l'âge, des infirmités & des services, aux ci-devant supérieurs, professeurs & directeurs qui ne ſeroient pas employés dans les ſéminaires conſervés, & qui ne jouiroient pas d'ailleurs d'un traitement ſuffiſant.

Voyez le décret du 29 ſeptembre 1791.

DÉCRET du 30 décembre 1790,

Sanctionné le 7 janvier ſuivant,

Relatif aux découvertes utiles & aux moyens d'en aſſurer la propriété à ceux qui ſeront reconnus en être les auteurs.

L'Aſſemblée nationale conſidérant que toute idée nouvelle dont la manifeſtation ou le développement peut devenir utile à la ſociété, appartient primitivement à celui qui l'a conçue, & que ce ſeroit attaquer *les droits de l'homme* dans leur eſſence, que de ne pas regarder *une découverte induſtrielle* comme la propriété de ſon auteur; conſidérant en même-temps, combien le défaut d'une déclaration poſitive & authentique de cette vérité, peut avoir contribué, juſqu'à préſent, à décourager l'induſtrie françaiſe, en occaſionnant l'émigration de pluſieurs artiſtes diſtingués, & en faiſant paſſer à l'étranger un grand nombre d'inventions nouvelles, dont cet empire auroit dû tirer les premiers avantages; conſidérant enfin, que tous les principes de juſtice, d'ordre public & d'intérêt national, lui commandent impérieuſement de fixer déſormais l'opinion des citoyens franç.ais ſur ce genre de propriété, par une loi qui la conſacre & qui la protège; décrète ce qui ſuit :

Nota. Ce décret eſt le développement & l'exécution des articles 4 & 24 du titre premier, 6—11 du tit. 2 du décret du 5 août 1790.

ARTICLE

ARTICLE PREMIER.

Toute découverte ou nouvelle invention, dans tous les genres d'industrie, est la propriété de son auteur ; en conséquence, la loi lui en garantit la pleine & entière jouissance, suivant le mode & pour le temps qui seront ci-après déterminés.

ART. II.

Tout moyen d'ajouter à quelque fabrication que ce puisse être, un nouveau genre de perfection, sera regardé comme une invention.

ART. III.

Quiconque apportera le premier en France, une découverte étrangère, jouira des mêmes avantages que s'il en étoit l'inventeur.

ART. IV.

Celui qui voudra conserver ou s'assurer une propriété industrielle du genre de celles énoncées aux précédens articles, sera tenu :

1°. De s'adresser au secrétariat du directoire de son département, & d'y déclarer par écrit si l'objet qu'il présente est d'invention, de perfection, ou seulement d'importation ;

2°. De déposer sous cachet une description exacte des principes, moyens & procédés qui constituent la découverte, ainsi que les plans, coupes, dessins & modèles qui pourroient y être relatifs, pour ledit paquet être ouvert au moment où l'inventeur recevra son titre de propriété.

Code des Pensions. D

Art. V.

Quant aux objets d'une utilité générale, mais d'une exécution trop fimple & d'une imitation trop facile, pour établir aucune fpéculation commerciale, & dans tous les cas, lorfque l'inventeur aimera mieux traiter directement avec le gouvernement, il lui fera libre de s'adreffer, foit aux affemblées adminiftratives, foit au corps légiflatif, s'il y a lieu, pour confier fa découverte, en démontrer les avantages & folliciter une récompenfe.

Art. VI.

Lorfqu'un inventeur aura préféré aux avantages perfonnels affurés par la loi, l'honneur de faire jouir fur-le-champ la nation des fruits de fa découverte ou invention, & lorfqu'il prouvera par la notoriété publique, & par des atteftations légales, que cette découverte ou invention eft d'une véritable utilité, il pourra lui être accordé une récompenfe fur les fonds deftinés aux encouragemens de l'induftrie.

Art. VII.

Afin d'affurer à tout inventeur la propriété & la jouiffance temporaire de fon invention, il lui fera délivré un *titre* ou *patente*, felon la forme indiquée dans le règlement qui fera dreffé pour l'exécution de ce décret.

Voyez ci-après l'art. 18 & les décrets qui y font indiqués.

Art. VIII.

Les patentes feront données pour cinq, dix ou quinze années, au choix de l'inventeur ; mais ce dernier terme ne pourra jamais être prolongé fans un décret particulier du corps légiflatif.

Art. IX.

L'exercice des patentes accordées pour une décou-verte importée d'un pays étranger, ne pourra s'étendre au-delà du terme fixé dans ce pays à l'exercice du premier inventeur.

Art. X.

Les patentes, expédiées en parchemin, & scellées du sceau national, seront enregistrées dans les secrétariats des directoires de tous les départemens du royaume; & il suffira, pour les obtenir, de s'adresser à ces directoires, qui se chargeront de les procurer à l'inventeur.

Art. XI.

Il sera libre à tout citoyen d'aller consulter au secré-tariat de son département, le catalogue des inventions nouvelles : il sera libre de même à tout citoyen domicilié, de consulter au dépôt général établi à cet effet, les *spécifications* des différentes patentes actuellement en exercice. Cependant les *descriptions* ne seront point communiquées, dans le cas où l'inventeur, ayant jugé que des raisons politiques ou commerciales exigent le secret de sa découverte, se seroit présenté au corps législatif pour lui exposer ses motifs, & en auroit obtenu un décret particulier sur ces objets.

Dans le cas où il sera déclaré qu'une description demeurera secrète, il sera nommé des commissaires pour veiller à l'exactitude de la description, d'après la vue des moyens & procédés, sans que l'auteur cesse pour cela d'être responsable, par la suite, de cette exactitude.

Art. XII.

Le propriétaire d'une patente jouira, privativement,

D 2

de l'exercice & des fruits des découverte, invention ou perfection pour lesquelles ladite patente aura été obtenue ; en conséquence, il pourra, en donnant bonne & suffisante caution, requérir la saisie des objets contrefaits, & traduire les contrefacteurs devant les tribunaux. Lorsque les contrefacteurs seront convaincus, ils seront condamnés, en sus de la confiscation, à payer à l'inventeur des dommages intérêts proportionnés a l'importance de la contrefaçon ; &, en outre, à verser dans la caisse des pauvres du district, une amende fixée au quart du montant desdits dommages - intérêts : sans toutefois que ladite amende puisse excéder la somme de 3,000 l.; & au double, en cas de récidive.

A r t. X I I I.

Dans le cas où la dénonciation pour contrefaçon, d'après laquelle la saisie auroit eu lieu, se trouveroit dénuée de preuves, l'inventeur sera condamné envers sa partie adverse à des dommages & intérêts proportionnés au trouble & au préjudice qu'elle aura pu en éprouver ; &, en outre, à verser dans la caisse des pauvres du district, une amende fixée au quart du montant desdits dommages & intérêts : sans toutefois que ladite amende puisse excéder la somme de 3,000 livres; & au double, en cas de récidive.

A r t. X I V.

Tout propriétaire de patente aura droit de former des établissemens dans toute l'étendue du royaume, & même d'autoriser d'autres particuliers à faire l'application & l'usage de ses moyens & procédés ; &, dans tous les cas, il pourra disposer de sa patente, comme d'une propriété mobiliaire.

A r t. XV.

A l'expiration de chaque patente , la découverte ou invention devant appartenir à la ſociété, la deſcription en ſera rendue publique, & l'uſage en deviendra permis dans tout le royaume, afin que tout citoyen puiſſe librement l'exercer & en jouir, à moins qu'un décret du corps légiſlatif n'ait prorogé l'exercice de la patente, ou n'en ait ordonné le ſecret dans les cas prévus par l'article 11.

A r t. X V I.

La deſcription de la découverte énoncée dans une patente, ſera de même rendue publique ; & l'uſage des moyens & procédés relatifs à cette découverte, ſera auſſi déclaré libre dans tout le royaume, lorſque le propriétaire de la patente en ſera déchu ; ce qui n'aura lieu que dans les cas ci-après déterminés :

1°. Tout inventeur convaincu d'avoir, en donnant ſa deſcription, recelé ſes véritables moyens d'exécution, ſera déchu de ſa patente.

2°. Tout inventeur convaincu de s'être ſervi , dans ſes fabrications, de moyens ſecrets qui n'auroient point été détaillés dans ſa deſcription, ou dont il n'auroit pas donné ſa déclaration, pour les faire ajouter à ceux énoncés ſans ſa deſcription, ſera déchu de ſa patente.

3°. Tout inventeur ou ſe diſant tel, qui ſera convaincu d'avoir obtenu une patente pour des découvertes déja conſignées & décrites dans des ouvrages imprimés & publics, ſera déchu de ſa patente.

4°. Tout inventeur qui , dans l'eſpace de deux ans , à compter de la date de ſa patente, n'aura point mis ſa découverte en activité, & qui n'aura point juſtifié les raiſons de ſon inaction, ſera déchu de ſa patente.

5°. Tout inventeur qui, après avoir obtenu une patente en France, ſera convaincu d'en avoir pris une pour le même objet en pays étranger, ſera dechu de ſa patente.

6°. Enfin, tout acquéreur du droit d'exercer une découverte énoncée dans une patente, ſera ſoumis aux mêmes obligations que l'inventeur ; & s'il y contrevient, la patente ſera révoquée, la découverte publiée, & l'uſage en deviendra libre dans tout le royaume.

Art. XVII.

N'entend l'Aſſemblée nationale porter aucune atteinte aux priviléges excluſifs ci-devant accordés pour *inventions & découvertes*, lorſque toutes les formes légales auront été obſervées pour ces priviléges, leſquels auront leur plein & entier effet ; & ſeront au ſurplus les poſſeſſeurs de ces anciens priviléges, aſſujétis aux diſpoſitions du préſent décret.

Les autres priviléges fondés ſur de ſimples arrêts du conſeil, ou ſur des lettres-patentes non enregiſtrées, ſeront convertis, ſans frais, *en patentes*, mais ſeulement pour le temps qui leur reſte à courir, en juſtifiant que leſdits priviléges ont été obtenus pour découvertes & inventions du genre de celles énoncées aux précédens articles.

Pourront les propriétaires deſdits anciens priviléges enregiſtrés, & de ceux convertis en patentes, en diſpoſer à leur gré, conformément à l'article 14.

Art. XVIII.

Le comité d'agriculture & de commerce, réuni au comité des impoſitions, préſentera à l'Aſſemblée nationale un projet de règlement qui fixera les taxes des patentes d'inventeurs, suivant la durée de leur exercice, & qui embraffera tous les détails relatifs à l'exécution des divers articles contenus au préfent décret.

Voyez les décrets du 9 & du 27 feptembre 1791 ; ils font le complément de celui-ci.

ExTRAIT du décret du 31 décembre 1790,

Sanctionné le 5 janvier 1791,

Concernant les claffes des gens de mer.

Après avoir réglé l'organifation des claffes des gens de mer, l'Affemblée a décrété pour les retraites les articles fuivans :

ART. XXIV.

Les officiers qui ont quitté le fervice de la marine pour être attachés à celui des claffes, feront traités pour leurs penfions de retraite comme s'ils avoient continué de fervir dans le grade qu'ils avoient avant de quitter le fervice de la marine.

ART. XXV.

Les officiers qui avoient quitté le fervice de la mer avant d'être employés dans les claffes, ajouteront au temps de fervice qu'ils avoient en quittant, celui pendant lequel ils auront été employés dans les claffes, & recevront une retraite proportionnée à cette fomme de fervices & au grade qu'ils rempliffoient avant de quitter la marine.

Voyez l'article 39 du décret du 22 feptembre 1791, fur les penfions des officiers civils de la marine.

D 4

A r t. X X V I.

Tout ce qui eſt preſcrit par le préſent décret pour le claſſement des gens de mer, s'exécutera ſans diſtinction dans toutes les parties du royaume : l'Aſſemblée nationale ſupprimant tout privilége , uſage & exception à ce contraires.

D é c r e t du 9 Janvier 1791,

Sanctionné le 19 ,

Sur les penſions des officiers dits *de fortune.*

Les penſions qui feront recréées en faveur des officiers ci - devant appelés *de fortune,* actuellement âgés de ſoixante-dix ans , ou au-deſſus, & qui ont plus de vingt années de ſervice indépendamment de leurs campagnes, ne pourront être moindres de la ſomme de 600 livres ; à l'effet de quoi il ſera fait les augmentations néceſſaires aux penſions qui leur avoient été précédemment accordées.

D é c r e t du 9 janvier 1791,

Sanctionné le 19 ,

Pour ordonner le paiement proviſoire de penſions ſur les économats & ſur le clergé.

L'Aſſemblée nationale décrète que les penſions qui ſe payoient ci-devant ſur les économats, & qui ont été exceptées de la ſuſpenſion générale par l'article 4 du décret du 27 juin dernier, ſeront payées ſur le tréſor public.

Il en ſera de même des penſions de 600 livres & au-deſſous, qui étoient établies ſur la caiſſe de l'ancienne adminiſtration du clergé, & dont il eſt mention dans l'article 3 du titre 3 du décret du 3 août, ſur les penſions.

Voyez le ſecond décret du 20 février, & celui du 2 juillet 1791.

DÉCRET du 9 janvier 1791,

Sanctionné le 19,

Concernant les ſecours à accorder aux penſionnaires de 70 ans & au-deſſus.

L'Aſſemblée nationale décrète qu'il lui ſera fait inceſ-ſamment, par ſon comité des penſions, le rapport des mémoires des penſionnaires de l'âge de 70 ans & au-deſſus, pour déterminer proviſoirement les ſommes qui ſeront payées auxdits penſionnaires pour le cours des années 1790 & 1791; que le ſurplus deſdits mémoires, même ceux des penſionnaires de l'âge de 70 ans & au-deſſus, ſeront remis au directeur-général de liquidation, confor-mément au décret du 16 décembre dernier, pour ſtatuer définitivement, & au rapport du comité des penſions, ſur le ſort des perſonnes qui doivent être récompenſées par l'Etat.

Nota. Les rapports ont été faits les premier février & 24 mars 1791. *Voyez* le décret du premier février 1791, contenant plu-ſieurs diſpoſitions générales relatives à ces ſecours.

DÉCRET du 9 janvier 1791,

Sanctionné le 19,

Sur le paiement des décomptes des pensions.

L'Assemblée nationale décrète ce qui suit :

ARTICLE PREMIER.

En exécution du décret du 10 décembre dernier, les pensionnaires auxquels il est dû d'anciens arrérages de pension suspendus, & payables sous le nom de décomptes, représenteront au directeur-général de la liquidation, les originaux de leurs brevets, faisant mention desdits décomptes. Ils y joindront un certificat de vie, donné par la municipalité du lieu de leur résidence, & un certificat du conservateur des oppositions sur le trésor public, qu'il n'existe aucune opposition au paiement de leurs décomptes.

ART. II.

Sur le vu de ces pièces & sur la reconnoissance donnée par le directeur de la liquidation, & sur le mandat de l'administrateur provisoire (1) de la caisse de l'extraordinaire, lesdits décomptes seront payés dans l'ordre suivant :

Les décomptes appartenans aux pensionnaires âgés de 75 ans & au-dessus, seront payés dans les mois de février & mars de la présente année.

Ceux des pensionnaires âgés de 60 à 75 ans, seront payés dans les mois d'avril & mai.

---

(1) L'art. 4 du décret du 6 décembre 1790, n'établissoit le commissaire du roi qu'administrateur provisoire. C'est postérieurement à l'époque du 9 janvier 1791, qu'il a été confirmé définitivement.

Ceux des penſionnaires âgés de 50 à 65 ans, dans les mois de juin & juillet.

Ceux des penſionnaires âgés de 45 à 55 ans, dans les mois d'août & de ſeptembre.

Ceux des penſionnaires âgés de 35 à 45 ans, dans les mois d'octobre & novembre.

Ceux des penſionnaires au-deſſous de 35 ans, ſeront payés dans le mois de décembre.

A l'égard des décomptes appartenans à des penſionnaires qui ſeroient décédés avant le premier janvier 1791, ils ſeront payés de la même manière qui avoit lieu par le paſſé.

A r t. I I I.

Les penſionnaires qui, ayant à ſe faire payer de décomptes, ne pourroient pas ſe préſenter en perſonne, ſe préſenteront par un fondé de procuration ſpéciale.

Ceux qui toucheront leurs décomptes en donneront leur quittance devant notaires, par eux ou par leur fondé de procuration ; & en outre il ſera fait mention du paiement ſur l'original du brevet.

A r t. I V.

Les décomptes dont il vient d'être parlé dans les articles précédens, pourront être employés, ſoit en acquiſition de biens nationaux, ſoit pour l'acquit de la contribution patriotique, lorſque leſdits décomptes & la liberté de les toucher auront été conſtatés par la reconnoiſſance du directeur de la liquidation.

Voyez le §. 3 de l'art. 9 du tit. 3 du décret du 3 août 1790, dont ce décret du 9 janvier eſt l'exécution.

DÉCRET du 11 janvier 1791,

Sanctionné le 19,

Pour le paiement des penfions accordées aux eccléfiaftiques infirmes & en démence.

L'Affemblée nationàle, ouï le rapport de fon comité des penfions, décrète que, par provifion, il fera payé aux eccléfiaftiques détenus dans des maifons de fûreté ou de charité, pour caufe de démence, ou autre caufe légitime, ainfi qu'aux eccléfiaftiques infirmes ou âgés de plus de 70 ans, lefquels jouiffoient de penfions & fecours fur la caiffe des décimes de leur diocèfe, un femeftre de la penfion ou fecours annuel qu'ils recevoient précédemment.

Le paiement de ce femeftre fera fait d'avance, mais en deux termes, par les receveurs de diftrict; & l'Affemblée charge fes comités des penfions, des lettres-de-cachet & de mendicité, de lui préfenter inceffamment un projet pour fubvenir au foulagement & à l'entretien defdits eccléfiaftiques.

Nota. Le projet n'a pas été préfenté : cependant voyez le décret du 29 feptembre 1791.

EXTRAIT du décret du 16 janvier 1790,

Sanctionné le 16 février fuivant,

Sur l'organifation de la gendarmerie nationale.

TITRE IV.

ARTICLE XIII.

Les retraites & penfions feront réglées fur les mêmes principes que celles de l'armée. Trois ans de fervice dans le corps de la gendarmerie nationale, feront comptés pour quatre.

Voyez le décret du 3 août 1790, titre 2.

DÉCRET du premier février 1791,

Sanctionné le 23,

Sur les fecours accordés aux feptuagénaires.

L'Affemblée nationale, ouï le rapport de fon comité des penfions, décrète ce qui fuit :

ARTICLE PREMIER.

Le tréfor public paiera provifoirement, à titre de fe-cours pour chacune des années 1790 & 1791, là fomme de 919,712 livres 10 fols, laquelle fera répartie entre les perfonnes comprifes en l'état annexé au préfent décret, & fuivant la proportion portée audit état.

Nota. Cet article eft l'exécution du décret du 9 janvier 1791; il touche l'intérêt particulier des perfonnes mentionnées en l'é-tat; mais les articles fuivans ont des difpofitions d'ordre général; & c'eft pour ne pas fyncoper la loi, que le premier article a été rapporté.

ART. II.

Le paiement defdites fommes fe fera d'après ledit état, lorfque le préfent décret aura été fanctionné par le roi, fur les quittances & certificats de vie des perfonnes qui y font employées.

ART. III.

Sur le fecours accordé pour l'année 1790, il fera fait

déduction à chacune des perfonnes employées dans l'état, de la fomme de 600 livres, ou autre fomme qu'elles auroient touchée à titre d'à-compte de penfion, gratification ou fecours pour l'année 1790 ; & le furplus defdites fommes leur fera payé à bureau ouvert, au tréfor public, à commencer huit jours après la fanction du préfent décret.

Touchée à titre d'à-compte, d'après la difpofition de l'art. premier du tit. 3 du décret du 3 août 1790.

A r t. IV.

Les fecours accordés pour l'année 1791, aux perfonnes comprifes en l'état annexé au préfent décret, feront payés par moitié : la première au premier juillet prochain ; la feconde au premier janvier 1792.

A r t. V.

Au moyen du paiement des fecours portés en l'état annexé au préfent décret, les perfonnes comprifes audit état ne pourront, aux termes des décrets de l'Affemblée nationale du 3 août dernier (1), recevoir aucune autre gratification, penfion ni traitement ; à l'effet de quoi le préfent décret fera notifié aux tréforiers des différentes caiffes.

Voyez pour les penfionnaires de l'ordre de Saint-Louis, l'art. 5 du fecond décret du 20 de ce mois.

A r t. VI.

La détermination des fecours portés au préfent decret, ne tirera point à conféquence pour la détermination du

---

(1) Titre premier, article 9 & 10.

montant plus ou moins fort des pensions qui doivent être rétablies aux termes du décret du 3 août dernier.

A r t. VII.

L'Assemblée nationale se réserve de statuer incessamment, conformément au décret du 16 décembre dernier, sur le surplus des états de pensions des septuagénaires à joindre au comité.

A r t i c l e VIII.

L'Assemblée se réserve également de prononcer, dans le plus bref délai, sur les secours à accorder aux personnes dont les pensions ont été supprimées & ne sont pas encore en état d'être rétablies. Ordonne à son comité des pensions, de lui présenter incessamment un projet de décret pour fixer ces secours.

Voyez le second décret du 20 de ce mois.

A r t. IX.

L'Assemblée ordonne à son comité de veiller à ce que les demandes des ci-devant pensionnaires qui doivent être portées au bureau général de liquidation, lui soient rapportées incessamment & sans interruption.

Voyez dans la collection générale, les différens rapports faits par le comité des pensions.

Ier. DÉCRET du 20 février 1791,

Sanctionné le 25,

Sur la suppression des gouvernemens militaires & les retraites accordées à ceux qui en étoient pourvus.

L'Assemblée nationale décrète ce qui suit :

ARTICLE PREMIER.

Les gouvernemens de provinces & de places de toutes les classes, les lieutenances-générales, les lieutenances-de-roi, majorités des ci-devant provinces, places & gouvernemens qui n'obligeoient point à résidence, & dont on étoit pourvu, soit par brevets, soit par provisions, sont supprimées à compter du premier janvier de la présente année 1791.

ART. II.

Les gouverneurs, lieutenans-généraux & lieutenans-de-roi qui étoient en possession des places supprimées par le présent article, seront payés, sur les fonds qui avoient été à ce destinés, des appointemens, gages & supplémens de gages pour lesquels ils étoient employés dans les états du trésor public, dans les états de la guerre, & dans ceux des dépenses des ci-devant provinces, même du fermage des objets qui avoient été par eux affermés, pour tout ce qui peut leur en être dû jusqu'au 31 décembre 1790. Ils ne pourront rien percevoir au-delà des sommes portées dans lesdits états, notamment à titre de logement & ustensiles, lorsqu'ils n'auront pas résidé de fait.

ART. III.

A R T. III.

Les gouverneurs, lieutenans-généraux, lieutenans-de-roi, majors, supprimés par le premier article, qui étoient porteurs des brevets de retenue susceptibles d'indemnité aux termes de la loi du premier décembre dernier, présenteront leurs brevets & mémoires en la forme prescrite par la loi du 19 janvier dernier, à l'effet de faire liquider l'indemnité qui peut leur être due. Ceux qui avoient été pourvus en finance, continueront à être payés des rentes qui leur ont été assignées à raison de ladite finance.

Voyez les deux lois citées dans cet article, au code de la liquidation.

A R T. IV.

A compter du premier janvier 1791, les appointemens, gages & supplémens de gages attribués aux offices supprimés par l'article premier, feront rayés de tous états où ils avoient été employés jusqu'à ce jour, & ne pourront être employés dans aucun autre.

A R T. V.

Les secrétaires des gouvernemens qui n'avoient pas encore été supprimés, le feront à compter du premier janvier 1791, & ils feront payés de leurs gages feulement jusqu'au 31 décembre 1790.

A R T. VI.

Les gouverneurs, lieutenans-généraux, lieutenans-de-roi, majors, fupprimés, auxquels leurs places avoient été données en récompense de leurs fervices, présenteront leurs mémoires au comité des pensions, qui les fera remettre au directeur de la liquidation, à l'effet d'être rétabli en leur faveur, s'il y a lieu, aux termes de la loi du 22 août, des pensions. Lesdits gouverneurs & lieutenans seront considérés à cet effet comme les personnes qui étoient pensionnées, à l'époque du premier janvier 1790; & ceux d'entr'eux qui justifieront de deux campagnes de guerre, seront traités de la manière qui a été réglée pour les officiers généraux, par l'article 5 du titre 3 de la loi du 22 août 1790.

Nota. La loi du 22 août 1790 est la même que le décret du 3 août, qui a été ci-devant rapporté.

IIᵉ DÉCRET du 20 février 1791,

Sanctionné le 25,

Concernant les secours accordés aux pensionnaires, en attendant la fixation définitive de leur sort.

L'Assemblée nationale décrète ce qui suit:

ARTICLE PREMIER.

Les pensionnaires non compris dans les états nominatifs de secours qui ont été ou seront décrétés par l'Assemblée nationale, & qui jouissoient de pensions au-dessus de 600 livres, établies par brevets sur le trésor public, timbrés du nom d'autres départemens que celui de la maison du roi, jouiront pour l'année 1790, au-delà de la somme de 600 livres qui leur a été accordée par l'article 2 du titre 3 de la loi du 22 août 1790, d'un nouveau secours déterminé par les articles suivans.

Nota. Ce décret a été rendu en exécution de celui du premier du même mois, ci-devant rapporté.

La loi du 22 août, est le décret du 3 août 1790, rapporté ci-devant.

Voyez le décret du 2 juillet 1791.

A R T.   I I.

Les ci-devant pensionnaires dont les pensions se portoient de 600 livres à 1,000 livres inclusivement, recevront un secours égal à la totalité de la somme à laquelle montoit leur pension : décompte fait de la somme de 600 livres, ou autre qu'ils auroient précédemment reçue pour l'année 1790.

Qu'ils auroient reçue, en vertu de l'article premier du titre 3 du décret du 3 août 1790, & autres décrets cités sur ledit article.

A R T.   I I I.

A l'égard de ceux qui ont actuellement plus de cinquante ans d'âge, & dont la pension étoit de plus de 1,000 livres, il leur sera accordé d'abord la somme de 400 livres, faisant, avec celle de 600 livres qu'ils ont reçue ou dû recevoir, la somme de 1,000 livres, plus le quart du restant de leur ancienne pension, sans néanmoins que lesdites sommes réunies puissent excéder la somme totale de 2,400 livres en aucun cas, & quel que fût le montant de la pension supprimée.

A R T.   I V.

Les sommes accordées aux ci-devant pensionnaires désignés dans les articles précédens, leur seront payées au trésor public, dans l'ordre du mois dont les brevets sont timbrés, & sur une seule & même quittance avec le secours de 600 livres précédemment accordé, s'ils ne l'ont pas encore reçu, soit en tout, soit en partie.

Voyez le décret du 7 août 1790.

A r t. V.

Dans le cas où la même personne auroit joui précédemment de plusieurs pensions ou secours annuels, elles seront réunies pour déterminer, d'après leur montant total, le secours accordé aux ci-devant pensionnaires.

A l'égard des pensions accordées à des militaires sur l'ordre de Saint-Louis, ceux qui en jouissent les conserveront provisoirement pour les années 1790 & 1791; & ils auront la faculté de les préférer aux secours accordés par les articles 2 & 3 ci-dessus.

Voyez l'article 5 du décret du premier février, & le décret du 3 août 1790, titre 3, art. 11.

A r t. V I.

Dans le total des pensions mentionnées au précédent article, ne sont point comprises les rentes viagères créées pour arrérages suspendus, dont le paiement a été ordonné séparément des pensions par l'article 9 du titre 3 de la loi du 22 août, & qui seront acquittées en la forme suivante.

Nota. Loi du 22 août, ou décret du 3 août 1790.

A r t. V I I.

Les porteurs de brevets de pensions qui comprenoient, outre les pensions supprimées, lesdites rentes viagères, remettront leur brevet, en original, au directeur général de la liquidation. Le directeur, après avoir vérifié que la rente provenue des anciens arrérages, subsiste, fera délivrer aux porteurs des brevets une reconnoissance du montant annuel de la rente viagère y énoncée, laquelle leur servira de titre pour être payés des arrérages, échus & à écheoir.

Le directeur de la liquidation fera mention de la reconnoissance sur l'original du brevet, & il tiendra registre des reconnoissances qu'il aura fournies.

Les arrérages seront acquittés par les payeurs des rentes dues par l'Etat.

Art. VIII.

Les ci-devant pensionnaires dont les pensions supprimées étoient établies sur d'autres caisses que le trésor public, & étoient au-dessus de 600 livres, recevront pareillement à titre de secours pour l'année 1790, l'excédant du montant de leurs pensions au-dessus de la somme de 600 livres jusqu'à la somme de 1,000 livres. Au-delà de ladite somme, il sera payé à ceux d'entr'eux qui sont âgés de plus de cinquante ans, un quart de leur pension: sans que le total puisse excéder 2,400 livres, ainsi qu'il est dit en l'article 3 ci-dessus.

Art. IX.

Le paiement des secours énoncés en l'article précédent, sera fait au trésor public, à l'exception de ceux qui sont accordés à des personnes dont les pensions étoient établies sur les caisses des municipalités, ou sur celles d'administrations encore subsistantes. Dans ce cas, les secours accordés par l'article précédent, seront à la charge desdites caisses & payés par elles.

Art. X.

Les secours accordés par les précédens articles ne seront, conformément à l'article 10 du titre premier de la loi du 22 août, payés qu'autant que ceux qui y prétendront n'auront aucun traitément d'activité.

Nota. Loi du 22 août, ou décret du 3 août 1790.

Art. XI.

Il sera pris sur le fonds de deux millions de secours annuel décrété par l'art. 15 du titre 3 de la loi du 22 août dernier, la somme de 150,000 livres pour être distribuée aux personnes précédemment comprises dans les états & supplémens d'états des secours affectés sur la loterie royale, sur le Port-Louis & sur les fermes générales.

Voyez les décrets des 26 mars & 7 avril 1790.

Art. XII.

Les états & supplémens d'états desdits secours, qui ont été précédemment dressés dans les départemens de la finance, seront remis entre les mains du directeur-général de la liquidation, avec les observations qui pourront s'y trouver jointes. Il dressera sur le tout, un nouvel état unique portant la répartition de la somme de 150,000 l.: de manière qu'aucune des portions de distribution ne soit au-dessous de 150 livres, ni aucune au-dessus de 500 l. Le directeur-général fera au comité des pensions le rapport dudit état, pour être ensuite, sur le compte qui en sera rendu à l'Assemblée, décrété par elle, s'il y a lieu, &, après la sanction du roi, être payé au trésor public à bureau ouvert, en la forme ordinaire.

Art. XIII.

Il ne pourra être compris dans ledit état de 150,000 l. aucune personne jouissant de pension ou de traitement, sur quelque caisse que ce soit; à l'effet de quoi ledit état sera notifié aux différens trésoriers.

DÉCRET du 21 février 1791,

Sanctionné le 25,

Relativement aux subsistances des Acadiens & Canadiens.

L'Assemblée nationale, après avoir entendu le rapport du comité des pensions sur l'état où se trouvent les habitans de l'Acadie & du Canada, passés en France lors de la cession de ces pays aux Anglois, décrété ce qui suit :

ARTICLE PREMIER.

Les secours accordés aux officiers, tant civils que militaires, tant Acadiens que Canadiens, & à leurs familles, dont l'état nominatif est annexé au présent décret, continueront d'être payés comme par le passé, par le trésor public ; à l'effet de quoi le fonds de 50,000 livres fourni précédemment au département de la marine pour cet effet, cessera de lui être fait, à compter du premier janvier 1791.

Nota. L'état nominatif des Acadiens & Canadiens auxquels il est accordé des subsistances, se trouve dans la collection générale de M. Baudouin, à la date du présent décret.

ART. II.

La solde accordée aux habitans de ces mêmes contrées, qui sont passés en France à la paix de 1763, sera continuée à tous ceux qui en jouissent ou qui en ont joui, dans les proportions suivantes : savoir, 8 sols par jour aux sexagénaires ; 6 sols par jour aux pères & mères de famille & aux veuves ; & 4 sols aux enfans & orphelins, jusqu'à l'âge de vingt ans seulement. Ces secours commenceront à courir du premier janvier 1790 : sauf à imputer à compte les sommes que chacun d'eux aura reçues au trésor public dans le courant de ladite année.

Art. III.

Chacun des secours accordés par les deux précédens articles, sera éteint à la mort de chacun de ceux qui les auront obtenus : sans qu'ils puissent être recréés ou portés en augmentation en faveur de qui que ce soit.

Art. IV.

Les personnes qui prétendront avoir droit aux secours mentionnés en l'article 2 du présent décret, se présenteront à la municipalité du lieu de leur résidence, qui en dressera l'état. Cet état sera envoyé au directoire du district ; il en vérifiera les faits, & l'enverra ensuite au directoire du département, qui le fera passer à l'Assemblée nationale avec les observations qu'il jugera convenables.

Voyez le décret du 10 septembre 1790. Le rapport de M. Delépeaux, sur lequel le présent décret a été rendu, a été imprimé *in-4°.*

Décret du 22 février 1791,

Sanctionné le 25,

Sur les demandes de pensions.

L'Assemblée nationale décrète :

Article premier.

Les personnes qui étant dans les cas prévus par la loi du 22 août dernier, pour des services rendus à l'État antérieurement à l'époque du premier janvier 1790, n'auroient pas été récompenſées, remettront, ſi fait n'a été, leurs mémoires au comité des penſions, conformément à l'article 16 du titre 3 de ladite loi.

Art. II.

A l'égard de ceux qui prétendroient avoir droit à des penſions ou gratificatio s, pour des actions faites poſté-rieurement au premier janvier 1790, ou à raiſon de leur retraite poſtérieure à la même époque, ils ſe pour-voiront dans la forme preſcrite par les articles 22, 23, 24 & 25 du titre premier de ladite loi. La liſte nomi-native qui doit être dreſſée aux termes des mêmes ar-ticles, ſera préſentée à l'Aſſemblée au mois d'avril pro-chain, pour, ſur le rapport qui lui en ſera fait, être dé-crété à cette époque ce qu'il appartiendra.

Voyez la conſtitution françaiſe, titre 3, chapitre 4, article 4.

La liſte des penſionnaires n'a pas été préſentée au mois d'avril. Il en a été préſenté & décrété une le 28 ſeptembre 1791.

Art. III.

Les perſonnes bleſſées devant Nancy, les veuves & enfans de ceux qui ont été tués dans cette action, & autres dont l'Aſſemblée nationale, par ſon décret du 16 janvier dernier, a renvoyé les demandes à ſon comité, pour qu'il lui en fît inceſſamment ſon rapport, demeurent exceptés de l'article précédent.

Nota. Ces rapports ont été faits les 4, 7 juin, & 28 ſeptembre 1791. Voyez la collection générale.

_____

Extrait du décret du 4 mars 1791,

Sanctionné le 20,

Relatif à la suppression des régimens provinciaux.

Article IV.

Les sous-officiers & soldats des troupes provinciales, qui, par leur service, auront droit à leur retraite, l'obtiendront conformément à ce qui suit, savoir :

Les sous-officiers, grenadiers & soldats provinciaux qui auront servi précédemment seize ans dans les troupes de ligne, obtiendront leur retraite sur le pied fixé par le décret du 14 décembre 1790. Les années de rassemblement dans les troupes provinciales, seront comptées comme le service dans la ligne.

Les sous-officiers, grenadiers & soldats qui ne pourront pas justifier de seize ans de service dans les troupes de ligne ou rassemblement de troupes provinciales, obtiendront des pensions de récompense militaire, conformément à ce qui est prescrit par l'ordonnance d'administration du 25 mars 1776, concernant les troupes provinciales.

Art. VI.

Les porte-drapeaux, sous-lieutenans, quartiers-maîtres, lieutenans & capitaines des troupes provinciales, qui, par leurs services, seront susceptibles de retraite, l'obtiendront conformément à ce qui suit, savoir :

Les officiers des troupes provinciales qui auront servi précédemment seize ans dans les troupes de ligne ou rassemblemens de troupes provinciales, obtiendront leur retraite sur le pied fixé par le décret du 3 août 1790.

Ceux qui ne pourront pas justifier de seize ans de service dans les troupes de ligne, ou de rassemblemens de troupes provinciales, obtiendront des pensions de récompense militaire, conformément à ce qui est prescrit par l'ordonnance d'administration du 25 mars 1776.

Art. VII.

Les officiers des troupes provinciales qui ne seront pas âgés de plus de vingt-cinq ans, seront susceptibles d'être remplacés aux places de sous-lieutenans, vacantes dans la ligne, après ceux des officiers qui, par le décret sur l'avancement, ont conservé droit au remplacement ; mais ils ne prendront rang que du jour de leur entrée dans le régiment: leurs services ne pouvant être comptés que pour la retraite & la décoration militaire.

Art. VIII.

Les officiers supérieurs susceptibles de remplacement, & qui desireront continuer leurs services, seront nommés à des emplois de leur grade, conformément à ce qui est prescrit par les art. 10 & 11 du décret du 29 octobre 1790, sur l'avancement militaire, titre 2, du remplacement. Ceux des officiers supérieurs qui ne voudront pas continuer leurs services, ou qui ne sont pas susceptibles de remplacement, obtiendront leur retraite conformément à ce qui est prescrit par l'article précédent.

Art. IX.

Les officiers supérieurs susceptibles de remplacement, & qui desireroient continuer leur activité, conserveront jusqu'à leur remplacement ou leur retraite, la moitié des appointemens dont ils jouissent dans ce moment, à l'exception des officiers ci-devant dits de fortune, qui en jouiront en entier. Les officiers de tout grade, des troupes provinciales, conſerveront dix ans d'activité, année pour année, pour la décoration militaire ſeulement.

Art. X.

Le régiment provincial de Corſe, le régiment de Paris, & la partie du bataillon du régiment du roi habituelle-ment raſſemblée à Saint-Denis, également ſupprimés par le préſent décret, obtiendront les récompenſes militaires, ainſi qu'il eſt preſcrit par les articles ci-deſſus ; & joui-ront des mêmes avantages accordés aux officiers & ſous-officiers réformés par la nouvelle organiſation.

Décret du 8 mars 1791,

Sanctionné le 20,

Sur les ſecours & retraites à accorder aux employés dans les adminiſtrations, fermes & régies publiques ſupprimées.

L'Aſſemblée nationale décrète :

Article premier.

Les miniſtres, ordonnateurs, chefs des ci-devant ad-miniſtrations des provinces & autres adminiſtrations, fermes & régies publiques, feront tenus d'adreſſer à l'Aſ-ſemblée nationale dans le délai d'un mois, l'état nominatif de toutes les perſonnes employées ſous leurs ordres, & payées directement ou indirectement des deniers publics.

Le ſuſdit état contiendra le jour de la naiſſance des

employés, la nature & la durée de leurs services, & le montant de leurs appointemens.

Il sera pareillement envoyé par les ministres, ordonnateurs & autres ci-dessus dénommés, des états semblables de toutes les personnes actuellement pensionnées par lesdites administrations, ainsi que des personnes auxquelles il avoit été accordé des emplois à titre de retraite & de récompense de services. Le produit desdits emplois sera évalué dans une des colonnes desdits états.

A R T. I I.

Les états envoyés en exécution du présent article, feront remis aux différens comités réunis des pensions, des contributions publiques, des finances, des domaines, d'agriculture & de commerce, pour en être par eux rendu compte, sans délai, à l'Assemblée nationale, & lui présenter un projet de décret sur la manière de procurer aux employés les secours que leur état & leurs services peuvent exiger.

Nota. Cette disposition a été exécutée le 25 juillet 1791. Voyez le décret dudit jour, sous la date du 31, époque de la refute générale.

A R T. I I I.

Pendant le cours de trois années, à compter de la sanction du présent décret, il ne pourra être nommé, pour employés dans les nouvelles administrations des finances, que des personnes qui justifieront avoir été précédemment employées au service de la nation dans les administrations dont la suppression ou la réduction a été ou sera décrétée : le choix libre réservé aux nouveaux administrateurs entre tous lesdits employés.

A R T. I V.

Jusqu'à ce que les employés, compris dans les états

qui doivent être dreſſés en exécution du premier article, aient été remplacé, ou qu'il ait été ſtatué définitivement ſur les ſecours qui leur ſont accordés, ceux d'entr'eux qui ne perçoivent pas au-delà de la ſomme de 50 livres par mois d'appointemens fixes, continueront à être payés, à compter du jour de leur ſuppreſſion, ou de leur réforme, ſoit de ladite ſomme de 50 liv., ſoit de toute autre ſomme inférieure, qu'ils percevoient précédemment.

Ceux dont les appointemens fixes excéderoient la ſomme de 50 liv., toucheront juſqu'à concurrence de ladite ſomme de 50 liv. par mois : le tout proviſoirement, ſans tirer à conſéquence pour l'avenir ; & ſans que leſdits paiemens puiſſent ſe prolonger au-delà du premier juillet ſans un nouveau décret de l'Aſſemblée.

Voyez le décret du 3 mai 1791, & celui du 31 juillet 1791, article 16.

A r t. V.

Les paiemens décrétés par le précédent article ſeront faits par les receveurs de diſtricts, au moyen des fonds qui leur ſeront fournis par le tréſor public, ſur des états préſentés par les ordonnateurs, chefs ou directeurs d'adminiſtrations, viſés par les diſtricts & par les départemens.

Voyez les décrets indiqués ſur l'article précédent.

A r t. V I.

Le préſent décret ſera porté à la ſanction dans le jour ; & le roi ſera ſupplié d'en ordonner l'exécution la plus prompte de la part de ſes miniſtres, & de celle de tous ordonnateurs, adminiſtrateurs & régiſſeurs.

Décret du 28 mars 1791,

Sanctionné le 17 avril,

Concernant les personnes qui seront reçues à l'hôtel des invalides, & le traitement de celles qui voudront en sortir.

Article premier.

Il ne sera reçu déformais, à l'Hôtel des Invalides, conformément à l'édit de création, que des militaires qui auroient été estropiés, ou qui auroient atteint l'âge de caducité, étant sous les armes, au service de terre ou de mer ; & qui n'auroient d'ailleurs aucun moyen de subsister.

Ceux qui sont actuellement à l'hôtel, seront les maîtres d'y rester ; ceux qui voudront en sortir, auront pour pension de retraite, savoir :

Les lieutenans-colonels	1200 liv.		
Les commandans de bataillon	1000		
Les capitaines	800		
Les lieutenans	600		
Les maréchaux-de-logis en chef	422	3 s.	4 d.
Tous les officiers	300	10	
Tous les soldats	227	10	

Voyez l'article 16 du titre premier du décret du 3 août 1790.

Art. II.

L'état-major de l'hôtel est supprimé ; l'administration sera réformée ; le comité militaire présentera incessâmment ses vues sur cet objet, ainsi que sur les moyens de conserver quelques compagnies détachées de vétérans.

Décret du 4 avril 1791,

Sanctionné le 10;

Relatif au lieu destiné à recevoir les cendres des grands hommes, jugés tels par le corps législatif.

L'Assemblée nationale, après avoir ouï son comité de constitution, décrète ce qui suit :

Voyez le décret du 3 août 1790, titre premier, article 5.

Article premier.

Le nouvel édifice de Sainte-Geneviève sera destiné à recevoir les cendres des grands hommes, à dater de l'époque de la liberté française.

Art. II.

Le corps législatif décidera seul à quels hommes ces honneurs seront décernés.

Art. III.

Honoré-Riquetti Mirabeau est jugé digne de recevoir cet honneur.

Art. IV.

La législature ne pourra pas décerner cet honneur à un de ses membres, venant à décéder; il ne pourra être décerné que par la législature suivante.

Art. V.

Les exceptions qui pourront avoir lieu pour quelques grands

grands hommes, morts avant la révolution, ne pourront être faites que par le corps législatif.

A r t. VI.

Le directoire du département de Paris sera chargé de mettre promptement l'édifice de Sainte - Geneviève en état de remplir sa nouvelle destination, & fera graver, au-dessus du portique, ces mots:

A u x   g r a n d s   h o m m e s
L A   P A T R I E   R E C O N N O I S S A N T E.

A r t. VII.

En attendant que le nouvel édifice de Sainte-Geneviève soit achevé, le corps de Riquetti-Mirabeau sera déposé à côté des cendres de Descartes, dans le caveau de l'ancienne église de Sainte-Geneviève.

D é c r e t des 7 & 8 avril 1791;

Qui défend aux membres de l'Assemblée nationale, à ceux du tribunal de cassation, à ceux qui serviront dans le haut-juré, & à ceux qui seront seulement inscrits sur la liste du haut-juré, de recevoir aucune pension du pouvoir exécutif.

L'Assemblée nationale décrète, comme article constitutionnel, qu'aucun membre de l'Assemblée nationale actuelle, ni des législatures suivantes; les membres du tribunal de cassation, & ceux qui serviront dans le haut-juré, ne pourront être promus au ministère, ni recevoir aucunes places, dons, pensions, traitemens ou commissions du pouvoir exécutif ou de ses agens, pendant la durée de leurs fonctions, & pendant quatre ans après en avoir ceſſé l'exercice.

Il en ſera de même pour ceux qui ſeront ſeulement inſcrits ſur la liſte du haut-juré, pendant tout le temps que durera leur inſcription.

Aucun membre du corps légiſlatif ne pourra ſolliciter, ni pour autrui, ni pour lui-même, aucunes places, dons, penſions, traitemens ou gratifications du pouvoir exécutif ou de ſes agens.

Les militaires, membres de l'Aſſemblée, pourront néanmoins être employés dans le grade dont ils ſont maintenant pourvus. Ils avanceront, pendant les quatre ans, à ceux qui leur ſeroient dévolus par ancienneté ; mais ils ne pourront profiter, pendant ce temps, du choix du roi pour obtenir un grade ſupérieur à celui dont ils jouiſſent aujourd'hui.

Le comité de conſtitution propoſera la peine à infliger à ceux qui contreviendront au préſent article.

Voyez la conſtitution françaiſe, tit. 3, ch. 2, ſect. 4, art. 2.

Extrait du décret des 8, 12 & 14 avril 1791,

Sanctionné le 27,

Concernant la liquidation des dettes contractées par les corps, communautés & établiſſemens ſupprimés.

(Le titre premier & les premiers articles du titre 2, regardent les créanciers proprement dits : le ſuivant eſt le ſeul relatif aux penſionnaires).

Article XVII.

Tous ceux qui prétendront avoir des penſions ſur aucun des établiſſemens ſupprimés, ou ſur d'anciens diocèſes, ou chambres diocésaines, se pourvoiront au comité des pensions de l'Assemblée nationale, pour en être la liquidation faite de la même manière que pour les pensions à la charge de l'Etat.

Voyez le décret du 29 septembre 1791.

E X T R A I T du décret du 16 avril 1791,

Sanctionné le 27,

Sur l'avancement dans le corps de l'artillerie.

T I T R E I I I.

A r t. V I.

Les officiers de tous grades, du corps de l'artillerie, ayant plus de vingt ans de service, qui, à l'instant de la nouvelle organisation, voudront ne pas continuer leurs services, seront libres de se retirer; & obtiendront, pour ce moment seulement, les deux tiers de leurs appointemens pour retraite, à moins que leurs services, d'après les règles fixées par le décret du 3 août dernier, ne leur donnent droit à un traitement plus considérable. Ceux de ces officiers, ayant au moins quinze ans de service, & au-dessous de vingt-quatre, qui voudront également ne pas continuer leurs services, conserveront néanmoins leur activité pour la décoration militaire.

A r t. V I I.

Le premier choix des neuf inspecteurs-généraux de l'artillerie, sera fait par le roi, parmi tous les officiers-généraux de ce corps. Ceux desdits officiers qui ne seront pas choisis pour remplir les places d'inſpecteurs-généraux, recevront des penſions ſuivant le décret du 3 août dernier ; néanmoins ils ſeront ſuſceptibles de rentrer en activité comme inſpecteurs-généraux, dans le nombre de ces places laiſſé au choix du roi.

Nota. On peut conférer ce décret avec celui du 7 décembre 1790, rapporté ci-devant (p. 39) relativement à l'organiſation du corps du génie, & avec celui du 22 avril qui va être rapporté, ſur l'organiſation de la marine. *Voyez* ces décrets entiers dans les collections générales & dans le code militaire.

ExTRAIT du décret du 22 avril 1791,

Sanctionné le 15 mai ſuivant,

Sur la ſuppreſſion & la recréation du corps de la marine.

Article XXI.

Les capitaines & majors de vaiſſeaux qui ne voudront pas continuer leur ſervice, ou qui ne ſeront pas compris dans la nouvelle formation, auront pour retraite, dans ce moment-ci ſeulement, les deux tiers des appointemens dont ils jouiſſoient, qui leur ſeront payés proviſoirement ſur les fonds de la marine, à moins que leurs ſervices, d'après les règles fixées par le décret du 3 août dernier, ne leur donnent droit à un traitement plus conſidérable.

Nota. Conférez ce décret avec ceux du 7 décembre 1790, & 16 avril 1791, ſur le corps du génie & de l'artillerie, qui ont été ci-devant rapportés.

1er. Décret du 28 avril 1791,

Sanctionné le 4 mai,

Pour établir la formule des brevets de penſions.

L'Aſſemblée nationale, ouï le rapport de ſon comité des penſions & du comité militaire réunis, décrète ce qui ſuit :

La formule des brevets à accorder aux perſonnes auxquélles il a été ou ſera accordé des penſions ſur le tréſor public, ſera conçue dans les termes & de la manière ſuivante :

Récompense { Ici ſe trouvera un cartouche dans lequel ſeront ces mots : LA NATION, LA LOI ET LE ROI. } NATIONALE, *Les noms de baptême & de famille.*

En faveur de

Louis, par la grace de Dieu & par la loi conſtitutionnelle de l'Etat, roi des Français, à tous préſens & à venir ; ſalut.

Vu par nous le décret de l'Aſſemblée nationale, en date du . . . . . ſanctionné par nous le . . . . . . par lequel il eſt accordé à (ici l'on mettra le nom de baptême, celui de famille, le jour de la naiſſance, celui du baptême, le lieu, la paroiſſe, le canton, le diſtrict & le département) une penſion annuelle & viagère de . . . . payable ſur le tréſor public, pour récompenſe (ici on mettra les motifs portés dans le décret de l'Aſſemblée nationale, tels que les années de ſervices, les bleſſures, les ſacrifices faits à la patrie, &c.) : afin de faire jouir ledit . . . . du bénéfice de la loi du . . . . (On mettra la date du décret ſanctionné qui aura accordé la penſion) ſa vie durant, nous lui avons fait délivrer

le préfent brevet, & mandons en conféquence aux commiffaires de la tréforerie nationale, de payer annuellement
aud. . . . . la fomme de . . . . en deux
termes égaux, de fix mois en fix mois, dont le premier
terme à compter du . . . . écherra au premier . . . . .
prochain, pour la portion de temps qui en aura couru
jufqu'alors ; le fecond au . . . . prochain ; & ainfi
de fix mois en fix mois, fur quittance pardevant no-
taire, & à la préfentation du préfent brevet, dont un
double fera dépofé au tréfor public.

Fait à Paris, le . . . . de notre
règne le . . . .

Le brevet fera figné de la main du roi & du miniftre
du département dans lequel les derniers fervices du pen-
fionnaire auront été rendus.

Voyez fur les perfonnes qui doivent faire expédier les brevets,
l'art. 13 du décret du 16 décembre 1790 ; & fur les cas où il n'y a
pas lieu à l'expédition de brevet, le décret du 28 feptembre 1791.

IIe. DÉCRET du 28 avril 1791,

Sanctionné le 4 mai,

Concernant les penfions fur les fonds de l'ordre de Saint-Louis.

L'Affemblée nationale, ouï le rapport de fon comité
des penfions & du comité militaire réunis, décrète ce
qui fuit :

Les penfions accordées fur l'ordre de Saint-Louis ne
pourront être payées, ainfi que les penfions fur le tréfor
public, qu'autant que ceux qui jouiffent defdites penfions n'auront aucun traitement d'activité.

Voyez l'art. 9 du titre premier du décret du 3 août 1790 ;
& l'art. 5 du décret du 20 février 1791.

EXTRAIT du troisième décret du 28 avril 1791,

Sanctionné le 15 mai,

Sur l'organisation de la marine.

ARTICLE LI.

Tous les hommes de profession maritime auront droit aux retraites & récompenses militaires, en raison de leurs services, ainsi qu'il sera déterminé par un règlement particulier.

Voyez le décret du 3 août 1790, tit. 2, art. 4; & celui du 22 septembre 1791.

DÉCRET des 28 & 30 avril 1791.

Sanctionné le 13 mai,

Concernant la caisse des invalides de la marine, & les pensions sur cette caisse.

L'Assemblée nationale décrète ce qui suit :

TITRE PREMIER.

De la conservation de la caisse des invalides, & des revenus qui lui sont affectés.

ARTICLE PREMIER.,

La caisse des invalides de la marine sera conservée; elle demeurera distincte & séparée de celles des penfions accordées par l'Etat, fur laquelle les droits des marins & de tous les employés du département de la marine font réfervés.

Voyez l'article 16 du titre premier du décret du 23 août 1790.

A r t. I I.

Les revenus fixes provenans des économies ci-devant faites de fonds de cette caiffe, continueront à y être verfés.

A r t. I I I.

La rente viagère de 120,000 livres fur la tête du roi, eft déclaré perpétuelle; & fera verfée tous les ans, par le tréfor public, à la caiffe des invalides (1).

A r t. I V.

Cette caiffe confervera pour revenus cafuels :

1°. Quatre deniers pour livre fur toutes les dépenfes du département de la marine & des colonies.

2°. Six deniers pour livre fur les gages des marins employés par le commerce, & fur les bénéfices de ceux qui naviguent à la part.

3°. Un fol pour livre du produit net de toutes les prifes faites fur les ennemis de l'Etat par les corfaires français.

4°. Six deniers pour livre de la totalité, & le tiers

---

(1) Cette rente viagère étoit le produit d'une fomme d'un million donnée par le clergé, en 1782, pour les veuves & enfans des gens de mer qui avoient péri; elle avoit été remife au tréfor public; & en repréfentation de ce capital, il avoit été conftitué une rente de 120,000 livres pour la durée de la vie du roi.

du produit net de toutes les prifes quelconques faites fur les ennemis par les bâtimens de l'Etat.

5°. La totalité du produit non réclamé des bris & naufrages.

6°. Le montant de la folde des marins déferteurs à bord des vaiffeaux de l'Etat.

7°. La moitié de la folde des déferteurs à bord des navires du commerce : l'autre moitié déclarée appartenir aux armateurs, en indemnité de leurs frais de remplacement.

8°. Le produit des fucceffions des marins & autres perfonnes mortes en mer ; les fommes de parts de prifes, gratifications, falaires & journées d'ouvriers, & autres objets de pareille nature concernant le fervice de la marine, lorfqu'ils ne feront pas réclamés.

TITRE II.

Des formes à obferver pour conftater ceux qui ont des droits à des penfions ou demi-foldes fur la caiffe des invalides.

ARTICLE PREMIER.

Les fyndics élus par les citoyens de profeffion maritime, drefferont, au commencement de chaque année, une lifte des invalides & penfionnaires de leur fyndicat morts dans l'année ; ils recevront les demandes de demi-foldes qui leur feront faites par les marins, veuves & enfans, pères & mères des marins de leur territoire ; ils en donneront l'état, contenant les motifs de chaque demande, & feront certifier les faits par la municipalité du chef-lieu du fyndicat ; & adrefferont un double de l'état, & les pièces au foutien, au commiffaire de leur quartier.

Art. II.

Les commiſſaires établis dans les quartiers vérifieront les faits contenus aux états & pièces à eux envoyés par les ſyndics ; ils joindront leurs obſervations à chaque demande, feront certifier le tout par les adminiſtrateurs du diſtrict de leur réſidence ; en feront enſuite l'envoi à l'ordonnateur en chef de leur département.

Quant aux marins, leurs veuves, enfans, pères ou mères, réſidans dans les lieux non compris dans un ſyndicat des claſſes, ils préſenteront leurs demandes motivées à la municipalité du lieu de leur réſidence, laquelle certifiera les faits qui ſeront à ſa connoiſſance, fera paſſer le tout avec ſon avis, au commiſſaire aux claſſes du quartier le plus prochain, qui adreſſera leſdites demandes & les pièces au ſoutien, au miniſtre du département de la marine, avec ſes obſervations.

Art. III.

Les commiſſaires des claſſes feront auſſi, au commencement de chaque année, une liſte des officiers militaires de leur département, morts dans l'année.

Quant aux nouvelles demandes de penſions qui pourroient être formées par des officiers militaires, ceux d'adminiſtration & autres, elles ſeront par eux adreſſées à leurs ſupérieurs reſpectifs, qui en remettront les états & pièces à l'appui, à l'ordonnateur en chef du département. Leurs pères, mères, veuves & enfans qui formeront des demandes, y joindront les certificats de la municipalité de leur réſidence, ſur les faits par eux énoncés, & qui ſeront à ſa connoiſſance.

Art. IV.

Les inſpecteurs des troupes de la marine recevront les

demandes de penfions qui pourront être formées par les officiers, fous-officiers & foldats defdites troupes ; ils en drefferont l'état avec les motifs de chaque demande, & les pièces au foutien ; & adrefferont le tout, avec leurs obfervations, au miniftre de la marine.

A r t. V.

Les ordonnateurs en chef dans les divers départemens de la marine, feront examiner tous les états de demandes de penfions & pièces au foutien qui leur auront été adreffés; ils en feront dreffer le procès-verbal par le commiffaire aux revues, ou par le contrôleur de la marine; le viferont, y joindront leurs obfervations, & adrefferont le tout, dans le plus bref délai poffible, au miniftre de la marine.

A r t. V I.

Le miniftre fera faire un nouvel examen & dreffer la lifte générale de toutes les demandes & de leurs principaux motifs, dans l'ordre où il aura jugé devoir les placer.

A r t. V I I.

Les penfions & demi-foldes de la marine feront déterminées par un règlement particulier, en raifon des fonctions qu'exerçoient les individus ; de leur paie au fervice ; de leurs bleffures ou infirmités ; de leurs befoins, & du nombre de leurs enfans en bas âge. Le *minimum* defdites penfions & demi-foldes eft fixé à 96 livres, & le *maximum* à 600 livres par an.

A r t. V I I I.

Tous ceux qui, à raifon de leurs fervices & de leurs befoins, mériteront d'être placés fur la lifte, obtiendront la penſion, ſolde ou demi-ſolde, autant que la caiſſe aura des fonds à y ſuffire; & en cas d'inſuffiſance, on ſuivra l'ordre de la liſte qui doit accorder la préférence aux plus anciens d'âge & de ſervice, & aux plus néceſſiteux.

ARTICLE IX.

Les gratifications & ſecours urgens & momentanés ſeront demandés, comme les demi-ſoldes, au ſyndic qui fera certifier les faits par la municipalité du chef-lieu, en enverra également l'état au commiſſaire du quartier, qui y joindra ſes obſervations, fera certifier le tout par les adminiſtrateurs du diſtrict de ſa réſidence, & en fera l'envoi à l'ordonnateur du département.

ART. X.

Les officiers militaires, ceux d'adminiſtration, ainſi que les officiers, ſous-officiers & ſoldats des troupes de la marine, adreſſeront à leurs ſupérieurs reſpectifs leurs demandes de gratifications, de ſecours urgens; & rempliront pour cet objet les mêmes formalités preſcrites par les articles précédens pour les demandes de penſions.

TITRE III.

De la deſtination des fonds de la caiſſe des invalides.

ARTICLE PREMIER.

Les fonds de la caiſſe des invalides ſont deſtinés au ſoulagement des officiers militaires & d'adminiſtration, officiers-mariniers, matelots, novices, mouſſes, ſous-officiers, ſoldats, & autres employés du département de la marine; & à celui de leurs veuves & enfans, même de

leurs pères & mères. Ils ne pourront, ſous aucun prétexte, être détournés de cette deſtination.

A r t. I I.

Il ne ſera accordé aucune penſion ſur la caiſſe des invalides, qu'à titre de beſoin réel & bien conſtaté; &
cette penſion ne pourra jamais excéder 600 livres, même
lorſqu'elle ſera accordée à une veuve & ſes enfans réunis.

A r t. I I I.

Nul ne pourra obtenir de penſion ſur la caiſſe des
invalides, s'il a quelque traitement, ou ſalaire public,
ou penſion ſur l'Etat.

Voyez l'art. 9 du titre premier du décret du 3 août 1790.

A r t. I V.

Il ne pourra être accordé de penſion ſur la caiſſe des
invalides, avec clauſe de réverſibilité.

Voyez l'art. 7 du titre premier du décret du 3 août 1790.

A r t. V.

La penſion de 50 livres accordée à perpétuité au plus
proche parent du ſieur Penandreff Keranſtrelt, eſt exceptée
de l'article précédent, en mémoire de la mort glorieuſe de
cet officier, tué, le 18 août 1780, ſur la frégate angloiſe
la Flore, à bord de laquelle il avoit ſauté ſeul; & continuera d'être payée pendant cent ans.

A r t. V I.

Il ſera mis chaque année, ſur les fonds de la caiſſe des

invalides, une ſomme à la diſpoſition du miniſtre de
la marine, pour être par lui diſtribuée en modiques
gratifications dans les cas de beſoin urgent. Cette ſomme
ſera fixée à 60,000 livres par an, & diviſée en deux
portions. L'une, de 54,000 l. ſera appliquée aux demandes
faites dans les formes preſcrites par le titre précédent ;
& aucune de ces gratifications ne pourra excéder la ſomme
de 200 livres.

L'autre portion, de 6,000 livres, ſera diſponible par le
miniſtre pour les cas extraordinaires qui ne permettent
aucun retard, & dont les demandes ne peuvent être
formées à l'avance : & aucune des gratifications ſur ce
fonds de 6,000 l., ne pourra excéder la ſomme de 50 liv.

A r t. V I I.

Toutes les demandes des marins & autres perſonnes
attachées au département de la marine, ſollicitant des penſions ou demi-ſoldes, à raiſon de leurs ſervices, bleſſures,
âge, infirmités, & qui n'ont encore obtenu aucune penſion ni demi-ſolde, ſeront examinées, le plus tôt poſſible,
par le miniſtre du département ; & toutes celles qui ſont
fondées, ſeront inceſſamment accordées ſuivant les principes du préſent décret, conformément au règlement ci-
annexé, à courir du premier janvier 1791.

T I T R E I V.

Des penſions, ſoldes & demi-ſoldes qui exiſtent ſur la caiſſe
des invalides de la marine.

A r t i c l e p r e m i e r.

A compter du premier janvier 1791, les penſions
accordées ſur la caiſſe des invalides de la marine, à
des perſonnes étrangères au département de la marine &

des colonies, & qui n'en jouissent pas en qualité de veuves
& enfans, frères & sœurs, pères & mères de marins, ou
employés au service de ce département, sont supprimées,
sans pouvoir être remplacées; & il ne leur sera payé que
les arrérages échus à cette époque.

A r t. I I.

Toutes autres pensions sur la caisse des invalides, continueront d'être payées jusques & compris les six premiers
mois de l'année 1791, & ne pourront l'être ultérieurement
que d'après vérification de leurs motifs.

A r t. I I I.

Les pensions accordées pour raison de blessures ou
d'infirmités graves & bien constatées, ou à titre de retraite,
après trente ans effectifs de services; ou aux veuves,
enfans, pères, mères, frères & sœurs de marins, d'officiers & d'employés dans le département, en considé-
ration de la mort ou des services rendus par leurs maris,
leurs pères, fils ou frères, sont conservées, pourvu qu'ils
n'aient pas d'autre traitement; mais celles qui excèdent
600 livres, feront réduites à ce taux.

A r t. I V.

Ne font comprises aux dispositions de l'article 2, les
soldes & demi-soldes, & les pensions de 50 livres aux
veuves, qui continueront d'être payées sans interruption.
Voyez l'article 3 du décret du 7 avril 1790.

A r t. V.

Le ministre de la marine remettra au bureau du commissaire du roi, liquidateur, les titres ou décisions avec

les motifs & informations priſes dans les ports reſpeĉtifs ſur les penſions ſuſpendues par l'article 2 du préſent titre. Le commiſſaire liquidateur en fera l'examen & vérification, & remettra le tout au comité de marine, pour en faire le rapport à l'Aſſemblée nationale.

A r t.   V I.

Tous inventeurs de découvertes utiles à la marine , & autres étrangers à ce département, auxquels il avoit été accordé des penſions ſur la caiſſe des invalides, ou qui auront des droits à des récompenſes, fourniront leurs mémoires au comité des penſions , pour être portés ſur la liſte des penſionnaires de l'Etat, s'il y a lieu.

A r t.   V I I.

Les penſionnaires de toutes les claſſes ſur la caiſſe des invalides de la marine, ſeront admis , dès qu'ils le requerront, dans les hoſpices nationaux, en abandonnant auxdits hoſpices leur penſion ou ſolde , ſous la réſerve de 24 liv. par an pour les beſoins particuliers deſdits penſionnaires ; mais ils feront tenus d'y travailler, s'ils ſont encore en état de le faire ; & le produit de leur travail appartiendra à l'hoſpice.

Ceux qui auront été eſtropiés , ou qui auront atteint l'âge de caducité , & qui n'auroient d'ailleurs aucun moyen de ſubſiſter , pourront être reçus à l'hôtel des Invalides, conformément au décret du 28 mars 1791 ; alors ils ceſſeront de recevoir aucune demi-ſolde , ſauf la réſerve des 24 livres.

Voyez ce décret ci-devant , page 79.

A r t.   V I I I.

Les ſoldes & demi-ſoldes , dont jouiſſent aĉtuellement les invalides de la marine , ſeront proviſoirement , & à
compter

compter du premier janvier 1791, augmentées de douze deniers par jour, en attendant un travail général qui devra être fait par le département de la marine, dans le courant de cette année, pour mettre tous les invalides de la marine, au premier janvier 1792, sur le pied du réglement annexé au présent décret.

A r t. I X.

Les hôpitaux, hospices, & autres établissemens de bienfaisance destinés privativement aux invalides de la marine, seront provisoirement maintenus. L'Assemblée nationale charge les comités de marine & de mendicité de lui en présenter incessamment le tableau, & de lui proposer les dispositions à faire pour l'avantage public.

T I T R E V.

De la comptabilité de la caisse des invalides, & frais de son administration.

A r t i c l e p r e m i e r.

La caisse des invalides de la marine est un dépôt confié, sous les ordres du roi, au ministre du département de la marine, qui ne pourra, sous peine d'en être responsable, en intervertir la destination.

A r t. I I.

Tous agens nécessaires au service de la caisse des invalides, seront sous les ordres du ministre de ce département.

A r t. I I I.

Il y aura un trésorier des invalides de la marine à

Paris, & dans chacun des ports où un tribunal de commerce maritime remplacera une amirauté ; & les tréſoriers des ports feront en même temps caiſſiers des gens de mer.

Il y aura, en outre, des caiſſiers des gens de mer dans les autres quartiers ; & ces caiſſiers feront fubordonnés au tréſorier de leur arrondiſſement.

A r t. I V.

Au miniſtre appartiendra d'ordonner les remiſes & verſemens des fonds de la caiſſe de Paris dans celles des ports, *& vice verſâ*, fuivant les befoins du ſervice.

A r t. V.

Les recettes & dépenſes concérnant les invalides & les gens de mer , feront confiées auxdits tréſoriers & caiſſiers, dont la comptabilité fera ſuivie par les commiſſaires des claſſes, fous les ordres des ordonnateurs ; & inſpectée dans les ports par les contrôleurs de la marine.

A r t. V I.

Chaque tréſorier & caiſſier tiendra un regiſtre particulier en recette & dépenſe, tant pour le ſervice de la caiſſe des invalides, que pour celle des gens de mer.

A r t. V I I.

Le premier jour de chaque mois, les tréſoriers arrêteront leur regiſtre, & le feront viſer par les commiſſaires aux claſſes & les contrôleurs de la marine du port où ils feront établis.

Les caiſſiers des gens de mer arrêteront auſſi leur re-

giſtre le premier jour de chaque mois; & cet arrêté ſera
viſé par le commiſſaire des claſſes du quartier.

Les commiſſaires aux claſſes & les contrôleurs feront
tenus de vérifier & certifier l'état de la caiſſe & l'exiſ-
tence des effets & eſpèces ; & ils feront reſponſables de
la vérité de leur certificat.

A r t.   V I I I.

Ils remettront à la même époque, à l'ordonnateur en
chef de leur département, qui le fera paſſer au miniſtre,
l'extrait du ſervice du mois, certifié & viſé comme il eſt
preſcrit pour le regiſtre. Le tréſorier des invalides, à Paris,
remettra un ſemblable extrait au miniſtre.

A r t.   I X.

Tous les ans , au premier jour de janvier, chaque tréſorier des invalides formera ſon compte de l'année précédente , lequel ſera viſé & certifié par le commiſſaire
aux claſſes ou le contrôleur de la marine , arrêté par
l'ordonnateur du département, & adreſſé au miniſtre de
la marine.

A Paris, le tréſorier établira, dans la même forme,
ſon compte de l'année précédente, qu'il fournira au miniſtre.

D'après tous ces comptes, le miniſtre de la marine
fera dreſſer le compte général de la caiſſe des invalides
de la marine, qui ſera livré à l'impreſſion, & envoyé
dans les quartiers à chaque ſyndic des gens de mer.

A ce compte général ſeront jointes les liſtes des penſions & gratifications demandées, & de celles accordées
pour chaque département. Le double de ce compte ſera
envoyé au corps légiſlatif.

A r t. X.

Aucune dépenfe ou gratification ne pourra être allouée que fur ordonnance fignée du roi en commandement, & contre-fignée par le miniftre du département de la marine.

A r t. X I.

Les commiffaires des claffes & les contrôleurs de la marine dans les ports, & à Paris le chef du bureau des invalides, feront fpécialement chargés des pourfuites à faire pour la rentrée des fommes dues à la caiffe des invalides, tant pour le paffé que pour l'avenir, chacun dans leur département.

A r t. X I I.

La caiffe des invalides ne fupportera aucuns frais ordinaires, que ceux qui feront réglés pour le traitement des agens auxquels feront confiées l'adminiftration & la comptabilité des objets qui les concernent.

A r t. X I I I.

Ladite caiffe ne fupportera d'autres frais extraordinaires, que ceux néceffaires pour affurer le recouvrement des fommes qui lui feront dues, & l'impreffion de fes comptes.

Réglement pour la fixation & diftribution des penfions, foldes & demi-foldes fur la caiffe des invalides de la marine.

L'Affemblée nationale, confidérant que la fituation des marins exige plus ou moins de fecours en raifon de leurs infirmités, de leurs bleffures, de la quantité & de l'âge de leurs enfans, & qu'il est juste aussi d'avoir égard à leurs appointemens qui indiquent la durée, l'importance & le mérite de leurs services, décrète ce qui suit :

ARTICLE PREMIER.

Il sera fait cinq classes des personnes ayant droit à des demi-soldes, en qualité d'invalides de la marine.

ART. II.

Tous les marins qui, aux termes du décret de ce jour, auront droit à une demi-solde sur la caisse des invalides, & dont la paye au service est de 66 à 81 liv. par mois, recevront pour demi-solde 18 livres par mois.

Tous ceux dont la paye est de 51 à 63 livres, recevront pour demi-solde 15 livres par mois.

Tous ceux dont la paye est de 39 à 48 livres, recevront pour demi-solde 12 livres 10 sols par mois.

Tous ceux dont la paye est de 27 à 36 livres, auront pour demi-solde 10 livres par mois.

Enfin, pour tous ceux dont la paye est au-dessous de 27 livres, la demi-solde sera de 8 livres par mois.

ART. III.

Il sera en outre accordé à chaque invalide qui, par mutilation, par des blessures graves ou des infirmités, seroit habituellement hors d'état de travailler, un supplément de 6 liv. par mois.

ART. IV.

Il sera aussi accordé à chaque invalide, en supplément, la somme de 2 livres par mois pour chaque enfant au-deſſous de l'âge de 10 ans, juſqu'à ce qu'ils ayent atteint cet âge.

A r t. V.

A l'égard des ſous-officiers & ſoldats des troupes de la marine, on ſuivra les règles établies ou à établir pour l'armée de ligne, en ayant égard au ſéjour dans les colonies, & aux campagnes de mer deſdits ſous-officiers & ſoldats.

A r t. V I.

Tous ceux dont les appointemens ou la ſolde excèdent 81 livres par mois, auront droit, dans les cas exprimés par le décret, à une penſion du quart de leurdit traitement ou ſolde.

Si, par des bleſſures ou infirmités, ils ſe trouvent hors d'état de travailler, ils recevront un ſupplément de 9 l. par mois; & en outre 3 liv. par chacun de leurs enfans au-deſſous de l'âge de dix ans, & ſeulement juſqu'à ce qu'ils ſoient parvenus à cet âge.

A r t. V I I.

Les veuves des penſionnaires invalides, & celles des hommes morts après trente ans de ſervice, auront droit à la moitié de ce que leurs maris avoient obtenu ou auroient pu obtenir.

Celles des hommes tués à la guerre auront droit à la moitié de la penſion ou demi-ſolde qui auroit été due à leurs maris, à raiſon de la paye de chacun ou de ſes appointemens, quel que fût ſon âge ou le temps de ſervice; & en outre à la moitié du ſupplément accordé pour les bleſſures graves. Il leur ſera auſſi accordé un ſupplément de 3 liv. par mois, pour chaque enfant au-deſſous de l'âge de dix ans,

A r t. VIII.

Les pères & mères pourront obtenir chacun le tiers de la penfion ou demi-folde qui auroit pu être accordée à leurs fils dans les cas ci-deffus.

A r t. I X.

Les orphelins de père & de mère, dans les cas énoncés ci-deffus, pourront obtenir chacun le tiers de la penfion ou demi-folde que leur père avoit obtenue, ou à laquelle il auroit eu droit ; & cette penfion ou demi-folde leur fera payée jufqu'à l'âge de quatorze ans accomplis.

A r t. X.

Lefdites penfions ou demi-foldes & acceffoires réunis, ne pourront jamais excéder la fomme de 600 livres fixée pour le *maximum* des penfions fur la caiffe des invalides.

Voyez le décret du 3 août 1790, titre premier, art. 7.

D é c r e t du 3 mai 1791,

Sanctionné le 8 juin,

Sur le paiement de la fomme de 50 livres accordée aux employés fupprimés.

Sur le rapport fait par le comité des penfions & autres réunis, des difficultés qui fe trouvent à faire effectuer, par les receveurs de diftrict, le paiement de la fomme de 50 livres attribuée provifoirement & à titre de fecours, par chaque mois, juſqu'au mois de juillet prochain ; l'Aſſemblée nationale autoriſe le miniſtre de l'intérieur à prendre les moyens les plus ſûrs, les plus prompts & les plus convenable. pour faire exécuter ledit paiement.

Voyez le décret du 8 mars 1791.

DÉCRET du 5 mai 1791,

Sanctionné le 15,

Concernant diverſes penſions fondées par M. Cochet de St-Valier.

Sur le compte qui a été rendu à l'Aſſemblée nationale par ſon comité des penſions, de pluſieurs fondations faites par feu M. Cochet de Saint - Valier pour différens objets, notamment pour gratifications & penſions alimentaires à des perſonnes pauvres, deſquelles fondations l'adminiſtration avoit été confiée par ledit ſieur Cochet de Saint - Valier, au premier préſident & au procureur - général du ci - devant parlement de Paris, l'Aſſemblée nationale décrète :

ARTICLE PREMIER.

La perception des revenus & rentes attachés auxdites fondations, ſera faite par le receveur de la municipalité de Paris, ſous l'inſpection du département de Paris, au ſecrétariat duquel département tous les titres & actes relatifs aux fondations, ſeront remis ſans délai par tous adminiſtrateurs, dépoſitaires & autres qui s'en trouveroient chargés.

ART. II.

Les gratifications & penſions alimentaires ſeront payées

aux termes accoutumés, aux perſonnes employées dans les états de diſtribution actuellement exiſtans. Tout autre emploi des fonds dépendans deſdites fondations, ſera ſuſpendu ; & les ſommes qui y étoient deſtinées demeureront, par forme de ſéqueſtre, entre les mains du receveur de la municipalité.

Art. III.

Les diſpoſitions contenues aux deux précédens articles, ſeront exécutées ſeulement à titre proviſoire, nonobſtant toutes oppoſitions faites ou à faire, & juſqu'à ce que, ſur le compte qui lui en ſera rendu, l'Aſſemblée ait ſtatué définitivement ſur les fondations dont il s'agit.

Voyez le décret général ſur toutes les fondations de ce genre, du 26 ſeptembre 1791. (Second décret de cette date).

Extrait du décret du 24 mai 1791,

Sanctionné le 29,

Sur les penſions ou traitemens conſentis pour cauſe de démiſſion d'emploi dans les fermes & régies.

L'Aſſemblée nationale, après avoir entendu le rapport de ſon comité des contributions publiques, décrète ce qui ſuit :

Article premier.

Les promeſſes ou obligations de penſions ou traitemens qui auroient été conſenties pour cauſe de démiſſion d'emploi des anciennes fermes ou régies, ſeront annullées : ſauf à ceux au profit de qui elles auroient été faites du conſentement de leurs ſupérieurs, & à titre de retraite, de préſenter leurs mémoires au comité des penſions, pour en être fait le rapport à l'Aſſemblée, d'après l'avis des directoires de diſtrict & de département.

Nota. L'article 2 & dernier de ce décret n'a d'autre diſpoſition que la réſiliation des baux à loyer faits par les fermes & régies ſupprimées.

Ce décret peut être cité auſſi ſous la date du 29 mai : les deux articles qui le compoſent ayant été compris dans un décret de cette date, relatif aux anciennes fermes & régies, ſanctionné le 3 juin. Ils forment les articles 5 & 6 de ce ſecond décret.

Iᵉʳ. Décret des 28 & 29 mai 1791,

Sanctionné le 3 juin,

Sur les penſions accordées aux officiers du point-d'honneur.

L'Aſſemblée nationale décrète ce qui ſuit :
Les rentes & penſions aſſurées aux officiers du point-d'honneur, leur feront continuées juſqu'à leur mort, conformément à l'édit du 13 janvier 1771 ; & l'état deſdites rentes & penſions ſera rendu public par la voie de l'impreſſion.

Voyez le décret interprétatif du 27 ſeptembre 1791.

IIᵉ. Décret des 28 & 29 mai 1791,

Sanctionné le 3 juin,

En faveur des directeurs brévetés d'académies d'équitation.

L'Aſſemblée nationale décrète ce qui ſuit :
Les directeurs brévetés d'académies d'équitation, font déclarés ſuſceptibles des récompenſes & penſions accordées aux fonctionnaires publics pour raiſon de leurs ſervices.

DÉCRET du 24 juin 1791,

Scellé le 25 juillet.

Concernant les formes à obſerver pour toucher les traitemens & penſions.

L'Aſſemblée nationale décrète qu'à compter de ce jour, il ne ſera fait, ſoit au tréſor public, ſoit à la caiſſe de l'extraordinaire, ſoit dans les différentes caiſſes nationales, à aucun français ayant traitement, penſion ou créance à exiger, aucun paiement, à moins qu'il ne ſe préſente en perſonne, même à la charge de faire certifier par la municipalité des lieux, ſes noms & qualités, s'ils ne ſont pas connus. Dans le cas où leſdits français ne pourroient pas ſe tranſporter en perſonne aux caiſſes où les paiemens doivent s'exécuter, ils ne pourront toucher leurs paiemens que par un fondé de leur procuration ſpéciale, à laquelle ſera joint un certificat que la perſonne qui a donné la procuration eſt actuellement & habituellement domiciliée dans le royaume. Le certificat ſera expédié par la municipalité du lieu du domicile, viſé par le directoire de diſtrict; & dans le cas où il ſeroit queſtion d'un fonctionnaire public, le certificat qui ſera joint à ſa procuration, juſtifiera qu'il eſt actuellement à ſon poſte. Dans tous les cas, & avant de faire aucuns paiemens, le tréſorier chargé de l'acquitter ſe fera repréſenter la quittance du paiement fait par la partie prenante, tant de ſes impoſitions pour l'année 1790, & les années antérieures, que des deux premiers tiers de ſa contribution patriotique, ou déclaration qu'elle n'a pas été dans le cas d'en faire. Si la partie prenante n'avoit pas encore acquitté ſes impoſitions ou ſa contribution patriotique, il lui ſera libre d'en offrir la compenſation avec ce qui lui eſt dû : auquel effet ladite partie, ou ſon fondé de procuration, rapporteront le bordereau, certifié par le directoire du diſtrict, de ce dont ils feront débiteurs, foit pour impoſitions, foit pour contribution patriotique.

L'Affemblée déclare ne pas comprendre dans les difpoſitions du préfent décret, les effets payables au porteur, les lettres - de - change, la folde des troupes, fuivant les revues des commiffaires, les fommes dues aux ambaffadeurs ou étrangers, créanciers ou penfionnaires de l'Etat.

Voyez les décrets du 27 juin, 2, & 29 juillet 1791.

DÉCRET du 27 juin 1791,

Scellé le 28,

Interprétatif du décret du 24 du même mois, fur les formes à remplir pour être payé de penfions.

L'Affemblée nationale interprétant fon décret du 24 du préfent mois, fur les juftifications à faire pour obtenir le paiement des créances & autres fommes dues par l'Etat, décrète que d'ici au 10 juillet prochain, les perfonnes qui fe préfenteroient pour toucher des paiemens en vertu de procurations de perfonnes domiciliées dans les divers départemens du royaume, lefdites procurations antérieures en date audit jour 24 juin, & d'après des reconnoiffances de liquidation pareillement antérieures au 24 juin, recevront ledit paiement fous les deux conditions fuivantes : 1°. de certifier perfonnellement, de la part des fondés de procuration, le domicile actuel & habituel dans le royaume, des perfonnes au nom defquelles ils fe préfenteront ; 2°. de laiffer entre les mains du tréforier, un dixième des fommes qui devroient être payées ;

lequel y demeurera jufqu'à la repréfentation des quittances d'impofition & de contribution patriotique.

Les paiemens à faire des fecours accordés ci-devant fur les fonds du clergé & des éconoinats, & de la loterie royale, ne font pas compris dans les difpofitions du décret du 24 juin.

Voyez les décrets du 24 juin, 2 & 29 juillet 1791.

Extrait du décret du 2 juillet 1791 ;

Scellé le 30,

Contenant plufieurs articles de règlement fur le paiement des fecours & penfions.

[On n'a retranché de ce décret que les difpofitions purement perfonnelles à quelques individus].

L'Affemblée nationale, confidérant la néceffité de fubvenir aux penfionnaires fur le fort defquels il n'a pas encore pu être ftatué nominativement, foit par provifion, foit définitivement, décrète :

ARTICLE PREMIER.

Les décrets par elle précédemment rendus, pour procurer aux ci-devant penfionnaires des fecours pour l'année 1790, notamment les décrets du 3 août 1790, des 9 & 11 janvier, & du 20 février derniers, auront leur exécution pour l'année 1791, dans les mêmes termes, aux mêmes conditions, & en outre aux conditions fuivantes :

1°. Les perfonnes qui fe préfenteront pour recevoir lefdits fecours, feront tenues de juftifier, aux termes du décret du 24 juin dernier, de leur domicile actuel & habituel dans le royaume, ainfi que de la quittance de leurs impofitions, & du paiement des deux premiers termes de leur contribution patriotique, ou de la déclaration qu'elles n'ont pas été dans le cas de faire une contribution patriotique.

2°. Lefdites perfonnes feront tenues de déclarer expreffément, dans la quittance qu'elles donneront du fecours qui leur fera payé, fi elles fe préfentent en perfonne pour le recevoir, ou dans la procuration qu'elles donneront à cet effet, qu'elles n'ont aucune autre penfion dont elles touchent les arrérages en tout ou en partie, à quelque titre que ce foit, ni aucun traitement d'activité.

3°. Les fecours pour l'année 1791 feront payés en deux parties : la première à compter de ce jour, pour les fix premiers mois; la feconde à compter du premier janvier prochain, pour les fix derniers mois.

A r t. I I.

Le directeur-général de la liquidation fera, dans le plus bref délai poffible, fon rapport des perfonnes qui, ayant rendu des fervices à l'Etat, n'ont été récompenfées que de penfions inférieures à la fomme de 150 livres.

A r t. V.

Les perfonnes qui, ayant fervi l'Etat dans des places de juges ou d'officiers chargés du miniftère public près des tribunaux, pendant l'efpace de vingt années au moins, avoient précédemment obtenu des penfions, & qui font arrivées à l'âge de foixante ans, obtiendront le rétabliffement de leurs penfions, fous la condition toutefois, qu'elles ne pourront pas excéder la fomme de 1,800 liv.

pour ceux qui ſeront âgés de ſoixante à ſoixante-dix ans;
& la ſomme de 2,400 liv. pour ceux qui ſeront âgés de
ſoixante-dix à ſoixante-quinze ans.

Voyez ci-devant, le décret du 6 juin 1790.

A r t.　V I.

Les magiſtrats & officiers chargés du miniſtère public
dans les tribunaux de l'iſle de Corſe, qui n'étoient pas
originaires de cette iſle, & qui ne ſeroient pas rappelés
aux mêmes fonctions par les élections faites ou à faire,
auront droit à une penſion de retraite s'ils ont ſervi dans
leſdites fonctions pendant dix années. Ces retraites ſeront
fixées d'après les mêmes baſes du décret du 3 août 1790,
en rapprochant les termes & les époques portées au
titre premier dudit décret : de manière qu'après dix années
de ſervice, leſdits magiſtrats & officiers obtiennent le quart
du traitement dont ils jouiſſoient ; & pour chacune
des années ultérieures, le vingtième des trois-quarts
reſtans.

E x t r a i t du décret du 14 Juillet 1791,

Scellé le 28,

L'objet principal de ce décret eſt d'ordonner le paiement de
divers états de penſions : mais on doit y obſerver la diſpoſition ſuivante :

L'Aſſemblée nationale décrète que les penſions rétabli-
blies & recréées ſeront payées par les payeurs des rentes,
dits de l'hôtel-de-ville, auxquels il ſera remis à cet effet,
avec les fonds néceſſaires, un état des ſecours que leſdits
penſionnaires auront reçus; & en ſatisfaiſant d'ailleurs,

par les penſionnaires , aux conditions requiſes par les décrets de l'Aſſemblée pour recevoir leur paiement.

Voyez le décret du 24 juin , & les autres décrets qui y ſont cités.

* * *

DÉCRET du 31 juillet 1791,

Scellé le même jour ,

Concernant les retraites des employés des fermes , régies , & adminiſtrations ſupprimées.

L'Aſſemblée nationale , après avoir entendu le rapport de ſes comités des finances , des penſions , des domaines , des impoſitions , d'agriculture & de commerce réunis , décrète ce qui ſuit :

ARTICLE PREMIER.

Tous employés commiſſionnés dans les fermes & régies générales, à la caiſſe des recettes générales des finances, à la recette générale du clergé , dans les devoirs de Bretagne , l'équivalent de Languedoc , les quatre membres belgiques, les poſtes , la police de Paris ; dans les bureaux de l'économat , les adminiſtrations des pays d'états ; à la perception des octrois., & autres droits qui ſe levoient principalement au profit de l'Etat ; les directeurs , contrôleurs & vérificateurs des vingtièmes , les commis attachés aux intendances, ou qui étoient paſſés deſdites intendances aux adminiſtrations provinciales : tous leſquels ſe trouvent précédemment ſupprimés par les décrets rendus : auront droit aux penſions , ſecours & gratifications qui ſeront déterminés ci-après , ſuivant la durée & l'état de leurs ſervices. ·

Voyez les décrets du 11 juin 1790, du 8 mars 1791 , dont celui-ci eſt l'exécution, & les art. 3 & 5 ci-deſſous.

ART. II.

Art. II.

Lesdits employés seront divisés en trois classes. La première comprendra ceux qui ont vingt ans de service révolus & au-dessus. La seconde, ceux qui ont dix ans de service révolus jusqu'à vingt : & la troisième, ceux qui ont moins de dix ans de service.

Art. III.

Les employés n'auront droit aux pensions, secours & gratifications mentionnés en l'article premier du présent décret, que dans le cas où l'emploi supprimé formoit l'état unique de celui qui l'occupoit ; qu'il en étoit pourvu lors de la suppression dudit emploi, & qu'il n'ait pas été replacé depuis, ou n'ait pas refusé de l'être, ainsi qu'il sera dit par l'article 11 ci-après.

Art. IV.

La suppression des fermes, régies, & autres administrations dénommées dans l'article premier, n'ayant pas permis à ceux qui y étoient employés, d'atteindre l'époque de service fixée par la loi du 22 août 1790, pour l'obtention des pensions, les dispositions de ladite loi seront modifiées quant auxdits employés seulement. En conséquence, ceux compris dans les articles précédens, & qui, par leurs dispositions, se trouvent avoir droit aux pensions, secours & gratifications dont il y est fait mention, jouiront, après vingt ans de service révolus, du quart de leurs appointemens ; & il sera en outre accordé un vingtième des trois-quarts restans pour chaque année de service : de manière qu'après quarante ans de service effectif, ils obtiendront la totalité de leurs appointemens, qui ne pourra néanmoins excéder le *maximum* fixé par l'article suivant.

A r t. V.

Les traitemens qui feront accordés aux employés fupprimés, conformément aux difpofitions précédentes, ne pourront excéder la fomme de 2,000 livres, à quelque fomme qu'aient pu monter les appointemens de leurs grades, & ils ne pourront être moindres de 150 livres.

A r t. VI.

Après dix ans de fervice révolus, lefdits employés recevront pour retraite, le huitième de leurs appointemens; & il leur fera en outre accordé un dixième d'un femblable huitième pour chaque année de fervice au-delà de ces dix ans. Le *maximum* de ces penfions fera de 800 livres, & le *minimum* de 60 livres.

A r t. V I I.

Tout fervice public que l'employé aura fait avant d'entrer dans les régies, fermes, & adminiftrations fupprimées, fera compté pour former fon traitement: en juftifiant de ce fervice, & qu'il l'a fait & quitté fans reproche.

Voyez l'art. 4 du titre premier du décret du 3 août 1790.

A r t. V I I I.

La loi du 22 août fera, au furplus, applicable à tous ceux des employés fupprimés qui en réclameront les difpofitions.

A r t. I X.

Tout employé fupprimé ayant moins de dix ans de fervice, recevra un secours en argent, dans la proportion ci-après :

S A V O I R :

Ceux qui avoient 1,200 livres d'appointemens & au-dessus, 120 livres pour chaque année de service.

Ceux qui avoient de 8 à 1,200 livres d'appointemens, 90 livres par chacun an.

Il sera payé 60 livres par année de service, à ceux qui ont moins de 800 livres d'appointemens ; & néanmoins le secours ne pourra être, pour aucun d'eux, moindre de 100 livres.

A r t. X.

Les employés qui justifieront que les emplois ou les distributions de sel ou de tabac dont ils jouissoient au moment de leur suppression, leur ont été accordés comme retraite, à raison d'ancienneté de leurs services, ou pour cause d'infirmités constatées résultantes du même service, ou de blessures reçues dans l'exercice de leurs fonctions, jouiront du même traitement auquel ils auroient droit s'ils avoient continué d'être en activité de service dans leurs premières places ; & le temps qu'ils ont occupé ces emplois, ou géré lesdites places, leur sera en outre compté pour former le montant de leur retraite.

A r t. X I.

Les pensions & secours accordés par le présent décret, ne seront pas payés à ceux des employés qui, depuis leur suppression, auroient obtenu une place d'un produit égal aux deux tiers de la première. Il en sera de même à l'égard de ceux qui en obtiendroient par la suite, ou qui refuseroient de l'accepter ; & dans chacun de ces cas, ils n'auront droit à une pension, qu'autant qu'ils pourront pré-

fenter un fervice public d'au moins trente ans , aux termes
du titre premier de la loi du 22 août 1790.

Art. XII.

Pour établir les bafes du traitement auquel chaque em-
ployé-commiffionné fupprimé aura droit , à raifon du
produit de fa place , on ne calculera que les appointemens fixes , les gratifications ordinaires & annuelles , &
le montant des remifes fixes feulement : fans pouvoir y
comprendre , fous aucun prétexte , les bénéfices ou gratifications cafuelles , le logement , les excédans de remifes
les intérêts des cautionnemens , les bénéfices d'ufance fur
la négociation du papier , ou tous autres émolumens de
cette efpèce.

Art. XIII.

Ceux des employés qui prétendront des indemnités
pour raifon de dégats faits dans leurs maifons & meu-
bles , par l'effet des mouvemens qui ont eu lieu depuis
le 12 juillet 1789 , remettront leurs mémoires au commiffaire liquidateur , lequel les réglera d'après les certificats des municipalités , vifés & approuvés par les directoires des diftricts & des départemens ; & néanmoins
lefdites indemnités ne pourront excéder le montant de trois
années de leur traitement , calculées conformément aux
difpofitions du précédent article.

Art. XIV.

A l'égard des employés qui avoient des commiffions
directes de compagnies , & dont les émolumens confif-
toient , en tout ou en partie , en remifes fixes fur les
débits , tels que les entrepofeurs , les débitans principaux , les receveurs de gabelles & fel , & les minotiers ,
il leur fera accordé des penfions ou indemnités dans les

proportions établies par les articles 4, 5, 6 & 12 du préſent décret. Le montant des remiſes qui leur étoient accordées ſur leur débit, ſera déterminé d'après la fixation de la vente à laquelle ils étoient aſſujétis.

Art. XV.

Les penſions de retraite qui exiſtoient ſur les régies, fermes, adminiſtrations & compagnies ſupprimées, ſeront rétablies ſi elles ſont conformes, ſoit aux règlemens deſdites régies, fermes, adminiſtrations & compagnies, ſoit aux diſpoſitions de la loi du 22 août dernier; & cependant, par proviſion, leſdites penſions ſeront payées conformément au décret du 2 juillet préſent mois.

Art. XVI.

Les penſions & indemnités qui ſeront accordées en exécution du préſent décret, commenceront à avoir cours à compter du premier juillet 1791; & en attendant que le montant deſdites penſions, ſecours ou indemnités ſoit déterminé, les employés dénommés au préſent décret jouiront, pendant trois mois, des ſecours fixés par le décret du 8 mars dernier; mais il leur ſera fait déduction de ce qu'ils auront reçu à titre de ſecours, lors du paiement des penſions & indemnités qui leur ſeront accordées.

Voyez, outre le décret du 8 mars, celui du 3 mai 1791.

Art. XVII.

Toute perſonne ſe prétendant attachée aux régies, fermes, adminiſtrations ou compagnies ſupprimées, ne pourra prétendre ni penſion, ni indemnité, qu'autant qu'elle ſe trouvera dans le cas prévu par l'article 5 du préſent décret; qu'elle aura prêté ſerment en juſtice,

H 3

ou qu'elle juſtifiera d'une commiſſion ou nomination émanée directement de la compagnie ou adminiſtration à laquelle elle étoit attachée, antérieure d'un an au moins à la ſuppreſſion deſdites régies, fermes, adminiſtrations & compagnies.

Art. XVIII.

La préſente loi n'aura pas d'effet à l'égard de ceux qui depuis cinq ans, ont joui de places ou emplois dont les produits, calculés d'après les baſes de l'article 12 du préſent décret, s'élevoient au-deſſus de 4000 liv.; & ils ne pourront obtenir de penſions que dans les cas prévus, & d'après les conditions exigées par la loi du 22 août dernier.

L'Aſſemblée nationale ordonne, au ſurplus, que le préſent décret ſera imprimé & envoyé dans tous les départemens.

Voyez pour les veuves, le décret du 28 ſeptembre 1791, art. 3.

Extrait du décret du 16 août 1791,

Sanctionné le 13 novembre,

Concernant l'organiſation de la tréſorerie nationale.

De la dépenſe. Titre III.

Article premier.

A meſure que le montant des penſions aura été individuellement fixé par l'Aſſemblée nationale, de manière qu'il n'y ait plus lieu à d'anciens décomptes, elles ſeront entièrement aſſimilées aux rentes viagères, & ſeront acquittées par les mêmes payeurs & la même caiſſe.

De la comptabilité. Titre dernier.

ARTICLE VII.

Les héritiers & repréſentans d'un grand nombre de penſionnaires décédés, ayant fourni les quittances totales des décomptes dè penſions, au moment où il leur a été fait un paiement partiel fur ces décomptes, il ne leur fera point demandé de nouvelles quittances ni de nouvelles pièces juſtificatives de leurs droits pour recevoir ce qui leur reſte dû : mais comme ces titres ne pourroient être diviſés & produits fur la comptabilité ancienne du tréſor public, & fur celle de la tréforerie nationale, ils feront fournis feulement à la première de ces deux comptabilités.

Iᵉʳ. DÉCRET du 18 août 1791,

Scellé le 22 du même mois,

Qui interprète quelques articles du décret du 3 août 1790, & qui détermine les caufes pour lefquelles les penſions pourront être faifies.

L'Affemblée nationale, ouï le rapport de fon comité des penſions, décrète ce qui fuit :

ARTICLE PREMIER.

L'article 7 du titre premier du décret du 3 août 1790, qui porte que « dans le cas de défaut de patrimoine, » la veuve d'un homme mort dans le cours de fon fer- » vice public, pourra obtenir une penſion alimentaire, & » les enfans être élevés aux dépens de la nation, » s'entend

des veuves & enfans des militaires & autres fonctionnaires publics qui, étant actuellement employés, meurent
de bleſſures reçues dans l'exercice de leurs fonctions, ou
de maladies que l'on conſtatera avoir été cauſées par l'exer-
cicé des mêmes fonctions.

Voyez le décret du 28 ſeptembre 1791, art. 3.

A r t. I I.

La diſpoſition de l'article 11 du même titre premier,
qui porte qu'il ne pourra être accordé de penſion à ceux qui
jouiſſent d'appointemens, gages ou honoraires, ne s'ap-
plique pas aux juges de paix, ni aux membres des corps
adminiſtratifs, leſquels jouiront des penſions qu'ils auront
méritées, quoiqu'ils reçoivent l'indemnité attribuée à leurs
fonctions.

A r t. I I I.

La diſpoſition de l'article 18 du même titre premier,
qui porte que, quel qu'ait été le grade ou les fonctions
d'un penſionné, ſa penſion ne pourra jamais excéder la
ſomme de 10,000 livres, s'entend en ce ſens : que, dans
dans tous les cas, & quels que fuſſent les appointemens,
ils ne peuvent être comptés, pour déterminer la penſion,
que ſur le pied de 10,000 livres : de manière qu'après
trente années de ſervice, on ne doit pas obtenir plus de
2,500 l. de penſion, de même qu'on ne ſauroit obtenir
plus de 10,000 livres après cinquante années de ſervice.

A r t. I V.

Les penſions & ſecours accordés par l'Aſſemblée nationale, pourront être ſaiſis juſqu'à concurrence de la moitié
de leur montant, par les créanciers des penſionnaires, fondés
en titre, pour entretien, nourriture & logement.

IIe. Décret du 18 août 1791,

Scellé le 22,

Pour procurer des secours à des personnes qui avoient des pensions de subsistance.

L'Assemblée nationale, ouï le rapport de son comité des pensions, décrète :

Que sur la somme de 74,550 liv. qui reste du fonds de 150,000 livres, destiné, par le décret du 20 février dernier, à procurer des secours aux personnes employées ci-devant sur les fonds de la loterie royale & du Port-Louis, il pourra être employé, après lesdites personnes, sur la vérification & le rapport du directeur-général de la liquidation, des personnes âgées ou infirmes qui avoient des pensions, soit sur des corporations ou communautés supprimées, soit sur tous autres fonds qui, d'après les décrets de l'Assemblée, n'existent plus & ont été reversés au trésor national.

Décret du 20 août 1791,

Scellé le 26,

Qui fixe le traitement de retraite des employés dans les ci-devant chapitres supprimés.

L'Assemblée nationale, ouï le rapport de ses comités ecclésiastique & des pensions, en exécution de l'art. 13 du titre 15 de la loi du 24 août 1790, décrète :

Nota. La loi du 24 août 1790, est le décret du 24 juillet 1790, dont l'extrait est rapporté ci-devant, page 13.

Article premier.

Les officiers ou employés eccléſiaſtiques ou laïcs des chapitres réguliers ou féculiers de l'un ou de l'autre fexe, qui prouveront par acte capitulaire ou autre écrit ayant date certaine, avoir été reçus à vie pour remplir dans les égliſes deſdits chapitres des fonctions relatives au fervice divin, ſans avoir été pourvus d'aucun titre de bénéfice, auront pour traitement ou penſion de retraite, la moitié de ce dont ils jouiſſoient en gages & émolumens ordinaires; & néanmoins ladite moitié ne pourra excéder la fomme de 200 liv. par chaque année.

Art. II.

Il en fera de même à l'égard deſdits employés qui ne prouvant point par écrit, ainſi qu'il eſt dit ci-deſſus, avoir été reçus pour le temps de leur vie, auront plus de vingt ans de fervice dans une ou pluſieurs égliſes, & plus de cinquante ans d'âge; & s'ils ne réuniſſent pas ces deux circonſtances de l'âge & de la durée des fervices, ils auront feulement droit à une gratification d'une année de leurs gages ou anciens traitemens, qui ne pourra néanmoins excéder la fomme de 200 livres.

Art. III.

Les difpofitions des deux précédens articles font déclarées communes aux employés dans les anciennes abbayes où la conventualité avoit ceſſé, & où le fervice divin étoit acquitté par des eccléſiaſtiques féculiers, à la charge des revenus deſdites abbayes.

Art. IV.

Lefdites penſions & fecours ne feront payés qu'à ceux qui étoient reçus avant le premier janvier 1789, qui n'avoient point d'autre état, & qui n'auront point obtenu ou refusé, depuis la suppression de leurs emplois, d'autres places ou emplois publics.

Conférez avec cet article, les articles 3 & 11 du décret du 31 juillet 1791.

A r t. V.

Quant à ceux qui, dès avant la suppression desdits chapitres, avoient obtenu des pensions de retraite dont ils jouissoient sans activité, ils les conserveront jusqu'à concurrence de 200 livres par chaque année.

A r t. V I.

Les secours provisoires qui ont été accordés auxdits employés par les directoires de district ou de département, seront imputés sur les pensions & secours autorisés par le présent décret. Il est défendu aux corps administratifs, d'accorder de semblables secours à l'avenir.

A r t. V I I.

Les pensions créées par le présent décret courront à compter du premier janvier 1791.

Voyez le décret du 28 septembre 1791, art. 4.

D é c r e t du 9 septembre 1791,

Scellé le 12 du même mois,

Relatif à la distribution des récompenses nationales en faveur des artistes.

L'Assemblée nationale, ouï le rapport de son comité d'agriculture & de commerce, décrète ce qui suit :

Nota. Ce décret est le complément des art. 6 & 8 du tit. 2 du décret du 3 août 1790, & de celui du 30 décembre 1790.

TITRE PREMIER.

Distribution des récompenses nationales.

ARTICLE PREMIER.

Sur le fonds de deux millions, destinés par décret du 3 août 1790 (1), à être annuellement employés en dons, gratifications & encouragemens, il sera distribué une somme de 300,000 livres, selon le mode ci-après déterminé, en gratifications & secours, aux artistes qui, par leurs découvertes, leurs travaux & leurs recherches dans les arts utiles, auront mérité d'avoir part aux récompenses nationales.

ART. II.

Lesdites récompenses seront accordées d'après les instructions envoyées au sujet des différens artistes par le directoire du département de leur domicile ordinaire, ensuite de l'attestation de leur district & du certificat de leur municipalité.

Il suffira cependant à ces artistes, d'un certificat des corps administratifs de leur domicile actuel, lorsque ces corps se trouveront suffisamment instruits pour le leur délivrer.

ART. III.

Les travaux pour lesquels il pourra être accordé des récompenses nationales, seront divisés en deux classes principales : ceux qui ont pu exiger des sacrifices, de quelque genre que ce soit, & ceux qui, par leur nature, n'en exigent point.

―――――――――――――――

(1) Titre premier, article 14.

Dans les récompenses affectées à chacune de ces classes, il sera établi trois degrés sous les noms de *minimum*, *medium* & *maximum*, applicables en proportion du mérite des objets, d'après l'avis motivé d'un bureau de consultation pour les arts, qui sera établi à cet effet à Paris, & dont la composition sera déterminée dans le titre 2 du présent décret.

Nota. Ce titre 2 forme un décret particulier, sous la date du 20 septembre. *Voyez* un décret provisoire sur le même objet, du 10 de ce même mois.

Le *medium* sera d'un quart, & le *maximum* d'une moitié en sus du *minimum*.

Dans la première classe, le *minimum* sera de 4,000 l., le *medium* de 5,000 livres, & le *maximum* de 6,000 liv.

Dans la seconde classe, le *minimum* sera de 2,000 livres, le *medium* de 2,500 livres & le *maximum* de 3,000 l.

Ceux des artistes qui auront passé l'âge de soixante ans, obtiendront, en sus de la récompense qui leur aura été fixée, une somme égale au *minimum* de leur classe.

Art. IV.

Indépendamment de ces deux classes, il pourra être accordé des gratifications particulières aux artistes indigens, dont les talens auront été reconnus par des approbations de corps savans, & dont l'honorable pauvreté sera certifiée par les corps administratifs.

Le *minimum* de ces gratifications sera de . . 200 l.

Le *medium* de 250

Le *maximum* de 300

Ceux de ces artistes récompensés qui auront passé l'âge de soixante ans, obtiendront, conformément à l'article 3, une somme égale au *minimum* de leur classe.

A r t. V.

Le ministre de l'intérieur sera néanmoins autorisé à proposer à l'Assemblée nationale, d'accorder un supplément de récompense pour les découvertes d'une importance majeure faites dans le royaume, ou importées des pays étrangers : particulièrement lorsque ces découvertes seront dues à des travaux pénibles ou à des voyages longs & périlleux.

A r t. V I.

Partie des mêmes fonds pourra aussi être employée, d'après les instructions des corps administratifs, soit à la publication d'ouvrages qui auroient été jugés utiles au progrès des arts, soit en expériences, essais & constructions de modèles, ou même de machines, dont les avantages & la possibilité seroient vérifiés par le bureau de consultation, mais dont les frais excéderoient les facultés de leurs auteurs.

A r t. V I I.

Il sera publié tous les ans, par la voie de l'impression, un état nominatif des artistes qui, dans le cours de l'année, auront obtenu des récompenses nationales, avec le compte général des sommes employées à ces récompenses, ainsi qu'aux publications d'ouvrages & aux frais d'expériences & de constructions ordonnées par le ministre de l'intérieur, d'après les avis du bureau de consultation.

A r t. V I I I.

Les pensions assurées par un brevet signé du roi, aux artistes qui, à ce prix, ont ci-devant cédé à l'Etat leurs inventions, découvertes ou importations, légalement constatées, feront regardées comme faifant partie de la dette publique, & en conféquence renvoyées à la liquidation.

A r t. I X.

Les artiftes avec lefquels l'adminiftration du commerce a ci-devant contracté des engagemens conditionnels, & qui juftifieront avoir fatisfait aux conditions ftipulées, feront auffi regardés comme créanciers de l'Etat, pour les fommes qui ne leur auroient point encore été payées; & en cette qualité renvoyés à la liquidation.

A r t. X.

Les artiftes dont les machines importées de l'étranger, ou nouvellement conftruites d'après la demande de l'adminiftration du commerce, auroient été détruites lors des troubles populaires furvenus en quelques parties du royaume, feront indemnifés de leur perte, fur une atteftation des corps adminiftratifs defdits lieux, à laquelle devra être jointe une évaluation faite par des hommes à ce connoiffant. Ces atteftations tiendront lieu de titres, & feront, comme telles, reçues à la liquidation.

A r t. X I.

Les objets déja récompenfés ou achetés par le gouvernement, ou pour lefquels les artiftes auroient obtenu des brevets d'invention, ne feront point fufceptibles de récompenfes nationales.

A r t. X I I.

Nul artifte, quels qu'aient été fes travaux, ne pourra être admis, dans la même année, à recevoir au-delà du *maximum* de la première claſſe, mais il en ſera fait une mention honorable lors de la publication de la liſte des récompenſés, & il pourra y être admis l'année d'après.

DÉCRET du 10 ſeptembre 1791,

Scellé le 12,

Qui autoriſe le miniſtre de l'intérieur à diſtribuer des ſecours proviſoires aux artiſtes indigens, dont les travaux auront obtenu l'approbation de l'académie des ſciences.

L'Aſſemblée nationale décrète ce qui ſuit :

En attendant que l'Aſſemblée nationale ait ſtatué ſur l'organiſation du bureau de conſultation des arts & métiers, elle autoriſe le miniſtre de l'intérieur à diſtribuer, juſqu'à la concurrence de la dixième partie des fonds affectés auxdites récompenſes, en ſecours proviſoires, depuis 100 juſqu'à 300 livres, aux artiſtes indigens dont les travaux, conſtatés par les corps adminiſtratifs, auront obtenu des approbations authentiques de l'académie des ſciences; & leſdits ſecours ſeront en déduction des gratifications qui pourroient être accordées à ces mêmes artiſtes, ſur l'avis du bureau de conſultation des arts & métiers.

Voyez le décret du 9 de ce mois, & ceux qui ſont indiqués ſur ſes différens articles.

DÉCRET

DÉCRET du 18 Septembre 1791,

Sanctionné le 9 octobre,

Relatif à la retraite des officiers, sous-officiers, & soldats de la garde nationale de Paris,

L'Assemblée nationale, après avoir entendu son comité militaire, décrète ce qui suit :

ARTICLE PREMIER.

Les officiers qui servent avec appointemens dans la garde nationale de Paris, & qui ne seront pas remplacés suivant leur grade, soit dans les nouveaux corps créés par le décret des 3, 4 & 5 août dernier, soit dans les autres régimens de ligne, ou dans la gendarmerie nationale, jouiront annuellement, pour retraite, d'autant de trentièmes parties de leurs appointemens, qu'ils ont actuellement d'années de service.

Voyez les décrets cités dans cet article, au code militaire.

A r t. II.

Il leur sera fait état de leurs services antérieurs, soit dans les troupes de ligne, soit dans un corps faisant partie de la force publique, encore qu'ils aient été interrompus : néanmoins le temps d'interruption ne sera point compté.

A r t. III.

Ceux desdits officiers qui ont au moins quinze ans de service & qui se retireront volontairement, obtiendront la décoration militaire à l'époque fixée par les règlemens.

Art. IV.

Les sous-officiers & soldats de la garde nationale soldée qui y servent depuis le commencement de la révolution, sous la condition de pouvoir se retirer en avertissant six mois d'avance, pourront prendre leur congé absolu, soit à l'époque de la nouvelle formation, soit après la nouvelle formation lors de la révolution complète de l'année courante de leur service. Les sous-officiers & soldats de la garde nationale soldée qui y servent en vertu d'engagemens contractés pour quatre ans, pourront prendre leur congé absolu, soit à l'époque de la nouvelle formation, soit après la nouvelle formation, à l'expiration de leurs engagemens.

Après les époques ci-dessus marquées, les sous-officiers & soldats de la garde nationale soldée qui voudront continuer à servir dans les nouveaux corps auxquels ils se trouveront attachés, seront tenus de se conformer aux règlemens généraux sur les engagemens, & leur durée.

Art. V.

Il sera fait état à tous les sous-officiers & soldats de la garde nationale parisienne soldée, de leur service antérieur, ainsi qu'il est dit en l'article 2.

Ceux qui se retireront n'ayant pas huit ans de service effectif, n'auront droit à aucune retraite; ils emporteront seulement leur habit, veste, culotte & chapeau.

Art. VI.

Les sous-officiers & soldats de la garde nationale parisienne soldée, qui compteront au moins huit ans de service, & qui se retireront avant de contracter un nouvel engagement, ou à l'expiration d'un nouvel engagement par eux contracté, jouiront annuellement, pour leur retraite, du ſoixantième de leur ſolde actuelle, ſuivant leur grade, pour chacune des huit premières années de leur ſervice ; d'un quarantième pour chacune des huit années ſuivantes ; d'un trentième pour chacune des années depuis la dix-ſeptième juſques & compris la vingt-quatrième ; d'un vingt-quatrième pour chacune de celles depuis la vingt-cinquième juſques & compris la trente-deuxième : en ſorte qu'après trente-deux ans de ſervice effectif, ils aient pour retraite la totalité de leurs appointemens.

ART. VII.

Les ſous-officiers & ſoldats de la garde nationale pariſienne ſoldée, dont la retraite annuelle n'excédera pas la ſomme de 100 livres, auront la liberté de choiſir entre un traitement annuel & une gratification une fois payée, qui ſera de douze fois le montant du traitement, s'il n'excède pas cinquante livres ; d'onze fois s'il eſt au-deſſus de 50 livres, mais n'excédant pas 75 livres : enfin de dix fois lorſqu'il ſera au-deſſus, juſqu'à 100 livres.

ART. VIII.

Les gratifications ne ſeront payées aux ſoldats retirés, que ſix mois après l'époque de leur retraite, ſur la demande qu'ils en feront au directoire du diſtrict dans lequel ils auront pris leur réſidence. Elles ſeront acquittées ſans aucune déduction & ſans frais, par les tréſoriers de diſtrict, ſur les ſimples quittances des parties prenantes, paſſées en préſence des membres du directoire, & par eux certifiées véritables.

ART. IX.

Attendu que la ſolde de la cavalerie nationale pariſienne

a été fixée en raison de l'obligation imposée aux sous-
officiers & cavaliers de se fournir de chevaux, d'habits,
d'armes, d'équipage, & de pourvoir à la nourriture &
au logement de leurs chevaux : il sera distrait de la solde
des sous-officiers & cavaliers, 8 sous par jour, & le
reste seulement entrera dans le calcul de la fixation de
leur retraite.

ARTICLE X.

Il sera pareillement distrait de la solde des sous-officiers & soldats de la compagnie chargée de la garde
des ports, quais & isles, 4 sous par jour, attendu l'obligation où ils étoient de pourvoir à leur habillement
& petit équipement; le reste seulement entrera dans le
calcul de la fixation de leur retraite.

EXTRAIT du décret du 22 septembre 1791,

Sanctionné le 12 octobre suivant,

Sur l'administration de la marine.

ARTICLE XXXIX.

Les officiers civils de la marine obtiendront les pensions
de retraite & d'invalides par les mêmes règles que les
officiers militaires de la marine; & leurs services seront
calculés de même à la mer, dans les colonies, en paix
& en guerre.

Voyez les décrets des 4 mars & 22 avril 1791.

Décret du 26 ſeptembre 1791,

Sanctionné le 16 octobre ſuivant,

Concernant la décoration militaire.

L'Aſſemblée nationale décrète :

Article premier.

Il ne ſera plus exigé de ſerment de ceux qui obtiendront la décoration militaire ; & les formes uſitées pour la conférer aux officiers à qui elle eſt due aux termes de la loi, ſont abolies.

Art. II.

La décoration militaire, & les lettres en vertu deſquelles un militaire ſera autoriſé à la porter, ſeront les mêmes pour tous les officiers, quelle que ſoit leur religion. Les lettres ſeront conçues dans la forme de celles annexées au préſent décret.

Art. III.

Les officiers qui ne font pas profeſſion de la religion catholique, apoſtolique & romaine, & qui auroient quitté le ſervice, ſeront pareillement ſuſceptibles de la décoration militaire, pourvu qu'ils aient ſervi le nombre d'années fixé par la loi.

Voyez le décret du 3 août, titre premier, article 5.

LETTRES pour conférer la décoration militaire
à

LA NATION, LA LOI ET LE ROI.

Louis, par la grace de Dieu & par la loi conſtitutionnelle de l'Etat, roi des Français, chef ſuprème de l'armée,
ayant trouvé que par les ſervices que
a rendus à l'Etat, cet officier étoit digne d'obtenir la décoration militaire,

ſa majeſté lui accorde cette marque honorable de ſes ſervices, & l'autoriſe à la porter.

Donné à   le   jour du mois d
l'an de grace mil ſept cent quatre-vingt-   & de
notre règne le

Par le roi.

DÉCRET du 27 ſeptembre 1791,

Sanctionné le 16 octobre ſuivant,

Formant le titre II du décret du 9 de ce mois, ſur les récompenſes
à diſtribuer aux artiſtes.

ARTICLE PREMIER.

POUR cette année ſeulement, le bureau de conſultation
ſera compoſé d'une ſection de quinze membres de l'a-
cadémie des ſciences au choix de cette ſociété; & de

nombre égal d'hommes inſtruits dans les différens genres d'induſtrie, & choiſis dans d'autres ſociétés ſavantes par le miniſtre de l'intérieur.

A r t. I I.

Les fonctions des membres de ce bureau, indiquées au titre précédent (1), ſeront abſolument gratuites; mais le miniſtre de l'intérieur demeure autoriſé à y employer le nombre de commis néceſſaire, dont il préſentera inceſſamment l'état à l'Aſſemblée nationale; & les frais, ainſi que ceux des bureaux, ſeront acquittés au moyen d'une retenue d'un ſol pour livre ſur les récompenſes nationales.

D é c r e t du 27 ſeptembre 1791,

Sanctionné le 16 octobre ſuivant,

Concernant les penſions attribuées aux officiers du point-d'honneur par l'édit de leur création.

L'Aſſemblée nationale décrète que les penſions qui étoient attribuées par l'édit de 13 janvier 1771 aux officiers du point-d'honneur, & qui, aux termes du décret des 28 & 29 mai dernier, doivent continuer à être payées, ſeront réparties, en cas de vacance, à compter de l'époque dudit décret, & dans chacune des trois claſſes des officiers du point d'honneur, uniquement à raiſon de l'ancienneté entre leſdits officiers.

------

(1) Ce titre eſt le décret du 7 ſeptembre rapporté ci-devant p. 124 & ſuivantes.

Décret du 28 ſeptembre 1791,

Sanctionné le 16 octobre ſuivant,

Portant réglement ſur l'expédition des brevets & ſur divers objets relatifs aux penſions.

L'Aſſemblée nationale, ouï le rapport de ſon comité des penſions, décrète :

Article premier.

Il ne ſera pas expédié de brevets pour les ſecours accordés en remplacement de penſions ſupprimées ſur les deux millions à ce deſtinés par le décret du 3 août 1790, mais ils ſeront payés d'après les états annexés aux décrets de l'Aſſemblée nationale, ſur les quittances & certificats de vie préſentés par les parties prenantes, dans les formes preſcrites par les décrets de l'Aſſemblée. Lors de la demande du premier paiement, ſera repréſenté le certificat du commiſſaire du roi, directeur de la liquidation, portant que le brevet original lui a été remis, & qu'il a été annullé.

Certificats de vie. Voyez au code judiciaire le décret du 6 mars art. 11.

Art. II.

Les héritiers des perſonnes qui ſeront mortes avant que leur nouveau brevet de penſion leur ait été expédié, ſeront pareillement payés en raiſon des portions de temps dues à leur auteur, ſur les états annexés au décret, en juſtifiant de leurs qualités, de la remiſe de l'ancien brevet entre les mains du commiſſaire du roi, directeur de la liquidation.

Art. III.

Les veuves des employés dans les fermes & autres administrations publiques supprimées, ne pourront obtenir de pensions qu'aux termes du décret du 18 août dernier, sur les pensions dues aux veuves des fonctionnaires publics.

Art. IV.

Les secours accordés par le décret du 20 août dernier aux ci-devant employés pour le service divin, dans les églises des hôpitaux séculiers & réguliers, seront liquidés par les directoires de département, sur l'avis des directoires de district, & payés dans la même forme que les traitemens des religieux & titulaires ecclésiastiques. Les états desdits secours & des personnes qui doivent les recevoir étant définitivement arrêtés, seront envoyés au ministre de l'intérieur, à l'effet de faire parvenir les fonds nécessaires dans chaque département.

Art. V.

Les pensions accordées par les administrations des ci-devant pays-d'états, demeurent supprimées ; & néanmoins il sera payé à ceux qui jouissoient desdites pensions, soit pour récompenses militaires, soit à titre d'employés près desdites administrations, soit à titre de secours, les secours provisoires accordés par le décret du 2 juillet dernier, jusqu'à ce qu'il ait été statué définitivement sur lesdites pensions : à l'effet de quoi ils feront parvenir leurs mémoires au directeur-général de la liquidation.

Décret du 29 feptembre 1791,

Sanctionné le 16 octobre fuivant;

Concernant la fuppreffion d'officiers de la marine & leur traitement;

L'Affemblée nationale, fur le rapport de fon comité de marine, décrète :

Article premier.

Les places d'infpecteurs des conftructions & de l'école des élèves-ingénieurs de la marine ;

Art. II.

Les places de tous les officiers militaires & ingénieurs ; d'officiers de fanté, d'officiers d'adminiftration de la marine & des colonies, & généralement toutes places de perfonnes attachées près du miniftre à Paris, n'ayant point de fonctions actives & permanentes, fous quelque dénomination que lefdites places aient été jufqu'à préfent défignées, font & demeurent fupprimées.

Art. III.

Les perfonnes comprifes dans la fuppreffion énoncée par l'article précédent, qui, par la nature de leurs fonctions, & en conformité des organifations décrétées par l'Affemblée nationale, pourront être placées dans les ports, y feront renvoyées pour reprendre leur fervice ; & toutes celles qui ne font pas fufceptibles, ou ne pourront pas être employées en activité, recevront les traitemens de réforme réglés par le décret d'application fur l'organifation des officiers d'adminiftration.

Voyez le décret du 22 avril 1791.

A r t. I V.

Les fonctions des personnes ci-devant attachées à M. l'amiral, & qui étoient payées par le département de la marine, sont également supprimées : sauf le traitement de réforme indiqué par l'article précédent.

A r t. V.

Il en sera de même pour les fonctions de procureur-général du conseil des prises, & des commissaires pour la visite des ports & arsenaux.

A r t. V I.

Le présent décret aura son exécution à compter du premier octobre prochain, & sera présenté dans le jour à la sanction du roi.

D é c r e t du 29 septembre 1791,

Sanctionné le 16 octobre suivant,

Concernant les pensions pour subsistance accordées aux ecclésiastiques.

L'Assemblée nationale, ouï le rapport de ses comités ecclésiastique & des pensions, décrète ce qui suit :

Nota. Ce décret est rendu en exécution de ceux du 12 juillet, 18 juillet, 24 juillet, 3 août (tit. 3 , art. 3), 22 décembre 1790; 9 & 11 janvier 1791.

§. Ier.

Secours provisoires.

A r t i c l e p r e m i e r.

Les pensions assignées sur les décimes & chambres diocésaines, ou accordées à de pauvres ecclésiastiques sur des biens spécialement affectés à leur soulagement, & celles établies par titres antérieurs au 2 novembre 1789, sur des revenus ecclésiastiques, seront payées par provision, si fait n'a été, pour les années 1790 & 1791, mais seulement jusqu'à concurrence de 600 livres par an pour les pensions qui excédoient cette somme, & en totalité pour celles qui étoient égales ou inférieures.

A r t. I I.

Les sommes qui auroient été payées sur lesdites pensions, à compte des années 1790 & 1791, par les receveurs des décimes, trésoriers de district, & autres préposés, en vertu des décrets de l'Assemblée nationale, & notamment de celui du 17 janvier 1791, ou autrement, seront déduites sur le montant des secours accordés aux pensionnaires par l'article précédent.

A r t. I I I.

Le paiement de ces secours sera fait par la trésorerie nationale, sur la représentation du titre constitutif de chaque pension, certifié par le directoire du département où se trouvoit l'établissement sur lequel ladite pension étoit assignée, ainsi qu'il sera dit ci-après.

A r t. I V.

Les pensionnaires dénommés au présent décret, ne pourront toucher, à quelque titre que ce soit, que la somme de 600 livres, & dans les formes prescrites par les décrets précédens.

Voyez le décret du 24 juin, & les autres décrets qui y sont cités.

A r t. V.

Pour l'exécution des articles ci-dessus, les directoires de département seront tenus de vérifier & de certifier, s'il y a lieu, le titre rapporté par chaque prétendant droit auxdits secours provisoires; ils vérifieront aussi jusqu'à quelle époque la pension a été payée; les à-compte qui auroient pu être donnés sur les termes non acquittés; si le pensionnaire jouit d'un autre traitement à la charge de l'Etat, & enfin le montant de ce traitement. Ils feront mention du tout dans leur avis.

§. I I.

Pensions de retraite des fonctionnaires publics ecclésiastiques.

ARTICLE VI.

La loi du 22 août 1790 concernant les pensions de retraite, est applicable, ainsi qu'il sera dit ci-après, aux curés, vicaires, & autres fonctionnaires publics ecclésiastiques qui n'auroient aucun traitement public, soit comme anciens bénéficiers, soit autrement: sans qu'on puisse inférer le contraire des articles 9 & 10 du titre 3 de la loi sur l'organisation civile du clergé; & sans déroger à ces mêmes articles.

Nota. Loi du 22 août, ou décret du 3 août; loi sur l'organisation civile du clergé, décret du 12 juillet 1790. Les articles cités ici ont été rapportés à la date des décrets.

ART. VII.

Le taux de la pension que chaque fonctionnaire public ecclésiastique pourra obtenir, en conséquence de la loi du 22 août 1790, sera réglé sur les revenus ou traitemens attachés à l'emploi qu'il aura occupé pendant trois années consécutives: sans que néanmoins ladite pension puisse excéder, en aucun cas, la somme de 1,200 livres.

ART. VIII.

Les pensions de retraite demandées d'après les articles

9 & 10 du titre 3 de la loi ſur l'organiſation civile du clergé, ou en conformité de la loi du 22 août 1790 & du préſent décret, par des fonctionnaires publics eccléſiaſtiques, ſeront accordées d'après l'état qui en ſera dreſſé & préſenté à l'Aſſemblée nationale dans les formes preſcrites par les articles 22 & 23 du titre premier de la loi du 22 août 1790.

Voyez la note ſur l'article 6.

A r t. I X.

Les eccléſiaſtiques pauvres, que leurs infirmités conſtatées ou leur âge de ſoixante-dix ans ont forcés de ſe retirer, & qui ne réuniroient pas les conditions exigées par la loi du 22 août 1790, pour obtenir une penſion de retraite, s'adreſſeront au directoire de département. Ceux-ci enverront leurs avis avec ceux des directoires de diſtrict au miniſtre de l'intérieur, qui les remettra au directeur-général de la liquidation, pour en être rendu compte à l'Aſſemblée nationale.

Fin du Code des Penſions.

TABLE
DES MATIÈRES

Contenues dans le Code des Penſions.

————————

A.

D.

F.

G.

H.

I.

J.

L.

O.

P.

S.

T.

V.

Fin de la Table des matières.

www.ingramcontent.com/pod-product-compliance
Ingram Content Group UK Ltd.
Pitfield, Milton Keynes, MK11 3LW, UK
UKHW021050230726
13926UKWH00004B/1753